海鸥文学馆

冰海求生

主编 安武林

中国海洋大学出版社

大海与帆船

童年的时候如果没有梦想

我就不能和大海相遇了

童年的时候没有憧憬

我就不能在大海里航行了

孩子，放逐一只纸船吧

不管你眼前的小河有多么小

要相信梦想和憧憬的力量

大海和帆船都等你在远方

安武林

老人的面庞倒映在水中，他们彼此张望着。老人仿佛听到那头龟在做着无声的呼救。他劝说他们把龟放掉，却没有一个人听。

——张炜《龟又来》

围着雪砣，孪生兄弟两个少年相互搀扶，在烛光里面绕着圈跑，脚步踉跄，跌跌撞撞，却不肯停歇。不，那不是奔跑，他们是在赶路，是在追赶黎明。

——老臣《冰海求生》

初来海边时，雾缭绕着，给大海披上面纱，弄得人也睡意朦胧。偶有太阳露面，便兴奋地想在太阳底下站站，晒晒太阳清醒清醒。

——陈馨《海的温度》

三月　加拿大的老天在变脸
圣劳伦斯湾的海水好凉好凉
商业猎杀又开始了
枪声阵阵　连礁石都想要逃跑
　　——张洪波《圣劳伦斯湾的小海豹》

目录

童话

小说

童话。

龟又来

|张 炜|

很早以前，海边上常有一些孤寂的独居老人，这些人一般都以海为生，上了年纪不能出海了，就专门留下来看守渔铺。这个营生年轻人做不了，因为他们熬不得这份孤寂。在春夏秋三个渔季，海边上热闹，吃的东西也多；到了漫长的冬天和初春这一段就不好过了，大雪封了海滩，这里除了个别禽鸟，什么活物都没有，守铺的老人就得学会自己打发时间了。他们要赶在入冬前准备大量的柴火和吃的东西，还有其他一些杂七杂八的物件，因为大雪封地以后想出门都难。

这些看渔铺的老人十之八九是独身，也有的是喜好海上生活，不愿和家里人掺和。男人一个人过惯了，就特别听不得家里人的热闹。有的男人把孤单当成了福气，自己在海边听着海浪，看着日出日落，一过就是几十年。他们是海上的老把式，年纪比他们小的渔人都不敢逞能，因为海里的经验太复杂，需要一辈子的经历才能积累起来。平时打鱼吃饭是一回事，来了危急又是一回事。守铺子的老人大半都经历过几次劫难，他们遇事不慌，一肚子的主意都闷在心里。当年的海滩上十里左右就有一个渔铺，这是一两个村落合伙捕鱼的老窝，一年到头都得有人守住。遇上大风浪渔船出事的、打夜海的人上不了岸的、冲海贼打斗的，都需要一个有本事的老人出面摆平。那些平时咋咋呼呼的鱼老大，一到了紧急关头就没了主意。

守铺子的老人自己也不知道更喜欢哪个季节。因为渔季年轻人多，他们在一起闹腾，还有买鱼卖鱼的一沓子事情，大伙儿在一块儿也挺充实的。可是那时候吵得慌，不安静，耳朵疼。只等人全走光了，船靠了岸，桨搬到一边，网具扔到铺子上，这才算是开始了真正的日子。老人搬出干鱼和各种酱菜、烈酒，还有除了渔铺哪里都没有的一些专门吃物，比如说剧毒河豚肉、大粒鱼籽、蛤和蛎腌制的酱。这些特别的吃物专属于看铺子的老人，是孤独换来的口福。奇怪的是十里之外的铺子主人并不轻易出来串门，一到冬天都爱缩在自己的火炉旁边。大概就为了保持一个完整的冬季吧，他们一个比一个更能熬得住。这些人都有一身翻毛大皮袄，脚上穿了生猪皮缝成的草窝鞋，它的名字很怪，只一个字：绑。穿了绑可以在冰天雪地里自由穿行，脚一点儿都不冷。大狗皮帽子护住头脸，哈着白汽去海边捡些浪印上的蛤和虾，那就是一顿好生活的饭。

有人背后传言，说别看这些老家伙一个个表面上清苦，其实大雪天海滩上正是会友的好日子。他们说老人在渔季里交上了个把赶海的婆婆，她们专在冬天去会守铺子的男人，这时才叫僻静，两个人把铺门一关就过起了好日子，天天喝酒。这种情形实在是夸张了。有家口的老人，家里人少不了常来关照他们，送些吃的东西，走时却带走了更多的东西，这都是老人平时积攒起来的。家里人一来老人就驱赶，可是赶走了又来。他们不放心让年纪大的人独守在大海边上。可是那些没有家口的人就没有这些问题，他们仿佛不会生病也不会死，最后连多大年纪了也没人说得准。你若问一个守铺子的老人多大了，他会装模作样地掐掐手指头，说出的却是二十年前的年龄。

有个老人有家有口，年轻时打鱼，上了年纪不顾家里人劝阻，偏要留在海上守渔铺。当年的林子密野物多，半夜里只要海边没有打鱼人亮起的火把，就会听到沿海传出的鬼哭狼嚎声。那其实不过是野狸之类追逐打闹，再加上林木呼鸣的声音，是天籁的一种。有人就演绎说，这儿有一代代海上淹死的人，他们的魂灵流连不去，到了夜里就此起彼伏地呼叫，一个个鬼都开始想念家乡了。这些恐怖的情景在看守渔铺的老人那儿简直不值一提。只有冬夜，情形才为之一变：大雪大霜一降，仿佛能杀百噪，所有的声音都突然消失了。只要不是大风天，大海也会安安静静。老人说他们一辈子盼望的，就是这样的安静。这样的安静一年里只有四分之一多一点的时间，所以异常珍贵。老人喜爱下棋，冬天里没有对手，就一个人在棋盘上摆弄子儿。

有一年秋末，几个年轻人在河口附近逮住了一只龟。这只龟中等大小，因为受了伤，前肢左上方有一道深深的割痕，所以没有及时逃脱。就在他们要烹杀这只龟时，老人赶到了。

老人的面庞倒映在水中，他们彼此张望着。老人仿佛听到那头龟在做着无声的呼救。他劝说他们把龟放掉，却没有一个人听。

没有办法，老人就从铺子里取出了一大笔积蓄，将受伤的龟买下来，然后用大背篓把龟背回去。一连多少天，老人都照料它的饮食，还取了自制的草药给它疗伤。一个星期之后，这只龟完全康复了。它离开时，朝老人深深地磕了几个头。

从那年冬天开始，无论是多么大的风雪，总会有一个黑衣老人赶来与老人下棋。这个黑衣老人看样子有七十多岁，长了一口细小坚硬的牙齿，能咬碎核桃壳。黑衣老人的棋艺一般，但也足以陪他玩儿了。他们闲了就扯一些海上事情，守渔铺的老人常常被对方异常丰富的海洋知识、五花八门的水上见闻所吸引。他们就这样成了好友。黑衣老人对自己的来路遮遮掩掩，他也就不再打听。有一天黑衣老人打起了瞌睡，不小心露出了左边肩膀，让他一眼看到了一处不小的伤疤。他马上想起了那只老龟。

一连七八年，那个黑衣老人都来和守铺的老人一起过冬。这一年，老人的身体出了点儿毛病，从春天开始就剧烈咳喘，有人通知了他的家里人。家里人要把老人接回村子，可是老人一定要坚持过了冬再说。家里人明白，他这样的境况，能不能过去这个冬天还是一个问题呢。他们差不多要抬上老人走了，可老人硬是不同意。

可是这一年冬天的雪太大了。也许就是因为大雪的阻隔，那个黑衣老人第一次失约了，没有按时出现在渔铺里。老人病得不行了，他的老伴只好陪在这儿，为他端水端药。老人常常让老伴为他去门口张望一下，问有没有一个黑衣老头正往这边走。就这样，整个冬天都过去了，老人再也挺不下去了。刚刚开春，老人就闭上了眼睛。这一天老伴正哭着，一个黑衣老人一边大咳一边推开了铺门，然后一下跪在了地上，大声说："我来晚了！我来晚了！我这个冬天害了一场大病，没能来陪他下棋啊。"

龟又来

海娃娃

| 陈华清 |

❶ 海娃娃神奇出世

在雷州半岛濒临南海的一个小渔村里，有一对老夫妇，他们以打鱼为生。

他们住的房子被高大的菠萝蜜树围绕着，很破旧了。他们虽然很穷，但很恩爱，过得很开心。他们最大的遗憾是膝下无儿无女。

老爷爷病了，病得很重，他知道自己的病是治不好了，便拉着老婆婆的手说："老太婆，我要走了。可我真不放心，以后谁照顾你？你怎么生活？唉，咱们要是有个孩子就好了！"

这么多年，老婆婆都没能生出孩子，他们很伤心。

老爷爷死了，老婆婆感到很孤独。她常常到他们一起打鱼的海边，望着远处发呆，跟大海说话。

这天，老婆婆又独自来到海边，她一把鼻涕一把眼泪地说："老头子啊，你真狠心，脚一蹬就走了，丢下我一个人。你的两个弟弟欺负我，说我没儿没女，想赶走我，霸占我的房子。老天爷呀，我一生没做过什么坏事，你为什么不给我一儿半女啊！"

老婆婆的泪水哗啦啦地流，流进了大海，变成了咸咸的海水。

大海波涛汹涌，卷起几丈高的浪花。一条大鱼从海里跳出来，刚好砸在老婆婆的脚趾头上，把老婆婆吓了一大跳。

这天晚上，老婆做了一个奇怪的梦：一群海鸥围着她鸣叫，把一个圆圆的丸子给她，叫她采集海边早晨六点钟晶莹的露珠，用丸子沾着露珠一起吞下。

海鸥说完，"啪啪啪"飞走了。

老婆婆惊醒了，发现床头柜上，放着一颗小小的、白白的丸子。真是奇怪了，跟梦中的丸子一模一样。

她赶紧起床，按照海鸥的吩咐，去到老爷爷经常打鱼的海边，果然见到灌木丛中，有一棵很神奇的草，草上的露珠晶莹透亮。老婆婆轻轻地采撷露珠，放在丸子上面，面朝大海，叫着老爷爷的名字，服下那颗丸子。

说来也怪，老婆婆服下露珠丸子之后，感觉肚子里有东西在动，在踢她。她看到自己的肚子一点一点大起来。

老婆婆肚子大了，这可真是个大新闻。渔村里像炸开了锅。

"老头子走之前给她留下孩子，算他们祖上积了阴德。"

"她都七老八十了，还能生下孩子吗？会不会生个怪物出来？"

老爷爷的弟弟们慌张了，因为老婆婆要是生下孩子，他们就不能霸占她的房子。

他们想："不能让老太婆生下孩子，得弄死她肚子里的孩子。"

"你肚子里怀的是怪物，得赶快把它弄死。"老爷爷的两个弟弟叫嚷着。

他们把老婆婆捆起来，拿着棍棒，要把她肚子里的怪物打出来。

就在这时，天突然暗下来，狂风怒号，雷鸣电闪，海浪像千军万马奔涌到村子边，淹到他们的脚边。

"妈呀，海啸来了，太可怕了！"那两个拿着棍棒的人吓坏了，赶快扔掉棍棒，抱头鼠窜。

老婆婆突然觉得肚子很痛，好像有东西要从肚子里冲出来。

"哇哇！"孩子生出来了。老婆婆从前见人生过孩子，她用剪刀剪掉脐带，把孩子放到床上。

孩子哭闹个不停，老婆婆把孩子放进木盆里，把木盆放在涌进来的海水上。奇怪的事发生了，刚才咆哮得像狮子的大海，立刻温顺起来，像一头绵羊。哭得喘不过气来的孩子立即不哭了，安安静静地睡觉，嘴角还挂着甜甜的微笑。

老婆婆给孩子起了个名字，叫海娃娃。

❷ 海娃娃获救

海娃娃是个神奇的孩子，海涨潮了，他也跟着长高。

才一个月，他就长得跟三岁的孩子那么大了；到了三岁，他就像十岁的孩子那么大了。

他学会捕鱼，每天划着老爷爷留下的那条小船，下海捕鱼。吃不完的东西，他就送给村里那些比他家还穷的人。大家都夸他是个善良的孩子。

有时，他还把捕捞到的海产品拿到集市上卖，换些钱，买点油盐酱醋回来。

老婆婆太老了，出不了海，就在家里织渔网、做饭，等海娃娃出海归来。

海娃娃一天天长大，又很能干，两个叔叔非常害怕，怕海娃娃知道，他们害过他的母亲，会找他们报仇。

"趁这小子乳臭末干，赶快弄死他！"大叔对二叔说。

"对，越早越好，今晚就动手！"二叔说。

他们趁着天黑风高，在海娃娃家的水缸里放了毒药，又把他家的船凿了几个洞。

"这叫双保险！"大叔得意地说。

"嘿嘿，这小子会死得很难看！"二叔也阴阴地笑。

第二天，海娃娃像以往一样，起床吃了妈妈做的早餐，又出海了。可船没走多远，海水便从洞里汩汩地流进船中。

原来海娃娃水性很好，可这天他觉得头晕脑胀，浑身无力。于是他躺在船上，眼睁睁地看着船沉进海里。

眼看船就被海水淹没了，突然，一群鱼虾游到船下，把船托起来，一直把船托到海岸上。

村里来捕鱼的渔民发现了海娃娃。只见他脸色发黑，嘴角吐着白沫，不省人事，知道他是中毒了，赶快把他送到老中医家。老中医说幸好送得早，要不然海娃娃小命就没了。

村民说："这么好的孩子，谁这么歹毒害他！"

另一个村民用手指指海娃娃叔叔家的方向，说："还能有谁呢？除了他们，还有谁这么恨海娃娃！"

"没有证据，可不要乱说。"

两个叔叔知道海娃娃没有死，又气又恨。

他们想着法子害海娃娃，奇怪的是，每次他都能逢凶化吉。

一晃，海娃娃已经十岁了，长成一米八高的大高个儿了，不知情的人还以为他是一个二十多岁的壮小伙子呢。

海娃娃每天出海都能收获不少。如果他把这些海产品都拿去卖，可以换不少钱，可是他心肠好，又慷慨大方，都把东西分给穷人了，没留多少给自己，甚至对一心想害他的叔叔，都以德报怨。

村里人说：“海娃娃，你的两个叔叔，害得你妈妈差点没命，你差点出不了娘胎，他们心肠坏得很呢，你别对他们那么好！”

海娃娃说：“那都是以前的事了，过去就过去了，不要老是记仇。”

3 海娃娃建新房子

“海娃娃啊，咱们家的房子太破了，再也不能住了，得再建一座啊。你也长大了，得娶媳妇了！妈妈最大的愿望就是住进新房子，见到你娶媳妇，快快生孙子给我抱。”

海娃娃想：“住在破烂不堪的屋子里，妈妈整天担忧受怕。妈妈年纪太大了，整天不得安宁，这会折她的寿。”于是他决定建房子，让妈妈安心。

他正愁着没钱买砖石建屋子，突然发现，海滩上有一大块珊瑚石，不知是谁放在沙滩上的。

海娃娃问村里的人："是谁把珊瑚石弄到海滩上的呢？"

村里人都摇头说不知道！

海娃娃对着大海喊："是谁把珊瑚石弄到海滩上的呢？"

没有谁回答，只有海浪哗啦啦的声音。

突然，他觉得自己的脚痒了一下，低头一看，原来是只乌龟。

海娃娃问乌龟："乌龟，乌龟，你知道是谁把这块珊瑚石放在这里吗？"

乌龟不回答，把珊瑚石背到背上，一步一步地挪，挪到海娃娃家门口，放下那块珊瑚石。

海娃娃明白了，聪明的乌龟是让他用珊瑚石建房子。

"有办法了！"他高兴得跳起来。

他听人说过，珊瑚石是建房子的好材料，有的渔村用珊瑚石建房子，砌围墙，还用来铺路呢。珊瑚屋冬天很温暖，夏天很凉爽，并且有保健作用。

此后，海娃娃每天出海，都拐去有珊瑚礁的地方，弄些珊瑚石回来。

海娃娃想："这样太慢了，猴年马月才建得起房子啊！妈妈老了，等不起啊。"

有一天早上，他发现有珊瑚石放在自己家门前，一连几天都是这样。

珊瑚石很多了，可以建屋了。

"是谁放的呢？"海娃娃一直感到非常纳闷，到底是谁在暗中帮助他？是人还是神呢？由于搞不清是谁放的，他不敢用。

这天晚上，海娃娃做了一个梦，梦里闪过一个黑影，黑影对他说："这些珊瑚石都是给你的，你快用来建珊瑚屋吧。"

从梦中惊醒后，他再也睡不着了，便一直盯着房子外面，想看看是谁在帮他。

他看到了一个黑影，背着东西放到他家门口，转身就想走。海娃娃一个箭步飞出去，抓住他。正是梦中出现的那个黑脸大汉！

"叔叔，你是谁呢？为什么这样帮助我？"

黑脸大汉说："我答应过主人不能泄露秘密的。"

"你不说出来，我就不要你的东西。"海娃娃恳求道，"叔叔，快告诉我吧！"

黑脸大汉拗不过海娃娃的一再哀求，在海娃娃发誓保密之后，告诉了他真相。

三年前，海娃娃在海里捕捞到一大一小两条大龙虾。大龙虾像个男人，小龙虾像个女孩子。

渔民说："海娃娃，这回发大财了！这是稀世大龙虾，非常值钱，可以卖很多很多的钱，够你建一座王宫了。"

被困在网里的小龙虾显得楚楚可怜，还流出眼泪。海娃娃心肠最软，看见泪水，不忍心拿龙虾去卖，便把两条龙虾放回海里了。

他没想到这两条龙虾，是海龙王和他的小女儿变的。

原来，小龙女整天待在海龙宫里，无聊得很，要海龙王陪她出去玩。海龙王非常疼爱小女儿，有求必应。他们变成两条龙虾，游到海龙宫外面去玩儿。小龙女是第一次离开海龙宫，外面的世界太精彩了，他们游得越来越远。

"女儿，咱们快回家吧！"海龙王说。小龙女不答应，还要继续玩儿。结果，不小心被海娃娃捕捞到了。

海娃娃把他们放回海里后，他们非常感激，想方设法报答他的恩情。知道他家穷，没钱建房子，就派虾兵蟹将把珊瑚石偷偷运到他家。

黑脸大汉还告诉海娃娃，那天，他的船被叔叔做了手脚，他又中了毒，差点被海水淹死。小龙女知道后，赶快叫龙王去救他。

海娃娃听了黑脸大汉的话后，恍然大悟。自己在危难的时候，总能逢凶化吉，他隐隐感到是有人暗中帮助他、保护他。原来真的是如此。

"那你是什么变的呢？"海娃娃问黑脸大汉。

"你不需要知道我是什么变的，你只需要记住自己发过的誓就可以了。"说完，黑脸大汉变成了一股黑风，飘走了。

❹ 海娃娃住进新房子

海娃娃开始用珊瑚石建房子。平时得过海娃娃帮助的村民也过来帮忙。有的帮他砌珊瑚，有的送来稻草，给他盖屋顶。

眼看新屋就要建成了，妈妈却在这个时候死了，她没有亲眼看到新房建起来。

在好心人的帮助下，海娃娃含泪埋葬了妈妈。两个叔叔暗中得意。送葬那一天，他们假惺惺地过来安慰海娃娃，说什么人死不能复活，要节哀顺变，还挤出几滴"鳄鱼"泪。

海娃娃不理睬两个坏叔叔，他希望尽快建起房屋，了结妈妈的心愿。

在众人的帮忙下，房子建好了。海娃娃住进了漂亮的珊瑚屋。

海娃娃还是像往常一样每天出海捕鱼，过着简单的生活。

这天，他出海归来，听到凄凉的哭声。

"孩子他爹，你怎么死得这么惨！你走了，叫我们孤儿寡母怎么生活呀？"

是大婶、二婶在哭。

他走到大叔的家里，看到大叔和二叔直挺挺地躺在地上，他们死了。

原来这天早上，大叔和二叔都出海，结果翻船淹死了。大家都觉得很奇怪，他们两个出海打鱼都有几十年了，这天又风平浪静，怎么会翻船淹死呢？真是奇怪了。

"这是报应，他们心肠太坏了！"村里人这样议论。

"海娃娃，他们死了以后就没有人会害你了。"

海娃娃可不相信叔叔们会害他。他为两个叔叔的丧事忙上忙下，帮婶婶们埋葬了叔叔。

"这孩子太傻了！"村里有人背后这样笑他。

"不是傻，是太善良了，"马上有人替他说话，"希望好人有好报。"

有一天，海娃娃出海归来，看到海边有个女孩在哭，哭得很凄凉。

海娃娃关切地问："妹妹，你为什么哭呢？是不是迷路了？你家在哪里？我送你回家。"

"我没有家。没地方可去。"女孩子说完又伤心地哭了。

"你没地方可去，那你去我家吧！"

女孩跟海娃娃回家了。

后来她嫁给了海娃娃。结婚之后，她才肯告诉海娃娃，她姓龙，是海龙王的女儿。

海娃娃马上想起黑脸大汉。

"是你叫黑脸大汉来帮我吗？"

"是的。"

"那你为什么不早点告诉我？"

"我怕你不同意呢！"龙女羞答答地说。

海娃娃

海洋童话七则

| 窦 晶 |

会分身术的海星

海星巴克正在大海的深处觅食，它发现一只小牡蛎，就兴冲冲地游过去。小牡蛎还没明白是怎么回事，就被海星巴克带有麻醉性的唾液给俘虏了，几下就被吞到了肚子里。海星巴克吧嗒吧嗒嘴巴，嗯，真是美味极了。

尝到甜头的海星巴克不断地在珊瑚礁中搜寻，半个小时内吃了11只小牡蛎。

"呜呜呜，不——不——不好了，海星巴克吃了我们 11 个弟弟。"牡蛎二哥跑回家里报告。

牡蛎大哥听了，头嗡地一下，这个可恶的巴克，我们一共就 22 个兄弟，他竟然吃了一半！

"我要报仇雪恨。"牡蛎大哥气得眼睛都红了，拿起盾牌就冲出了家门。

"大哥等等，听我说。"牡蛎二哥急忙拉住大哥，"我们不是那多角形怪物的对手，还是搬救兵战胜它吧。"

"我们求谁救援呢？"牡蛎大哥问。

"找螃蟹大头吧，它的爪子多，说不定能战胜它。"牡蛎二哥说。

"好吧。"

牡蛎大哥和牡蛎二哥来找大头帮忙。

乐于行侠仗义的大头二话没说，就挥舞着 8 把大刀赶去了。

大头跟海星巴克对打了一个小时，也没分出胜负，在一边助阵的牡蛎大哥和牡蛎二哥趁巴克有点疲惫时，抓住巴克的一条腕足，用力拽，一二三——嘿嘿，竟然拽了下来。

"哼！你少了一个腕足，赶紧投降吧！"牡蛎大哥喊道。

"做梦，你们别高兴得太早，那是我故意折断送给你们的，哈哈，傻瓜！"巴克狂笑不止。

大头趁机挥舞大刀把巴克剩下的几个腕足砍了下来，"让你送，让你送，那我就都把你的爪子都砍掉！"

它们看着残疾的巴克，举起胜利的旗帜回家了。

过了不久，巴克又来挑衅了，它竟然长出了新的腕足，后面还跟着几个小巴克。咦，这是怎么回事？

牡蛎大哥急忙去请教老牡蛎爷爷，见多识广的牡蛎老爷爷说："海星是打不死的，它的再生能力特别强，如果腕足掉了，很快就会长出新的来，脱掉的腕足还可以长成一只独立的新海星。"

"哎呦，这可糟了，巴克有5个兄弟，如果每个都能分身，那是多少个呢？25个呀，25个再分身，那是多少个呢？"牡蛎大哥掰着手指头算了起来。

很快，牡蛎大哥就算不过来了。他脸色苍白，看来不能硬碰硬，我们还得改变战术。

牡蛎大哥和牡蛎二哥召集剩下的兄弟研究对策。

"我们何不建一个坚固的牡蛎城堡，搞好防御措施呢？那样巴克进不来，我们就安全了。"足智多谋的牡蛎三弟说。

"对！远离这个会分身术的坏家伙，以守为攻！"

大家一致同意这个建议，它们开始行动起来。

小公主的珍珠花冠

傍晚时分，小公主在海边玩耍，不慎把珍珠花冠掉进了海里。

"我的珍珠花冠！"小公主痛惜地喊了起来。

仆人们面面相觑，眼看太阳就要坠入海面了，谁能去把花冠捞上来呢？

"谁要是能把我的花冠打捞上来，我就送给他一百块金币。"小公主说。

高个子仆人"扑通"一声跳进了大海里，海里黑漆漆的什么也看不见，要是能够找到那顶珍珠花冠简直就是做梦，他这么想着，返回到了海面，说："我想没有人能够把那个宝贝打捞上来。"

"呜呜呜——这可怎么办，如果今晚打捞不上来我的珍珠花冠，母后会怪罪下来的。谁要是能够帮我把花冠打捞上来，我赠给他二百个金币！"小公主急得哭了起来。

"我去打捞！"矮个子仆人说。

他跳进大海里，游啊游啊，黑咕隆咚的海里传来很多奇怪的声响，太恐怖了，赶紧回去吧。

矮个子仆人抖落身上的水花说："海里很黑，很恐怖，我想没有人能够把珍珠花冠打捞上来。"

"呜呜呜——这可怎么办呀！谁要是能把我的花冠打捞上来，我给他五百个金币！"小公主狠狠心，她愿意用自己积攒的全部零花钱换那个花冠。

一个小男孩路过这里，他是渔夫的孩子，在海边长大，水性很好。

"小公主，我可以试试看。"小男孩说。

"你？还没有我高呢，你能行吗？"小公主问。

"就是呀，你还是个小屁孩儿，我们都没有打捞上来，你还是算了吧。"高个子仆人和矮个子仆人一齐说道。

"我想试一试。"小男孩挺了挺胸脯说。

"好吧，反正现在也没人能捞得上来，不过，你要是被大鲨鱼吃了，可不能怪我！"小公主说。

"好的，没问题。"小男孩扑通一声跃入海里。

小男孩向大海的深处游去，海里好黑呀，真是伸手不见五指。

"我一定要潜入海底找一找，说不定珍珠花冠就在那里呢。"

"小家伙，你干吗去呀？夜晚的海底很恐怖的！"一条青鱼游过来说道。

"我去捞珍珠花冠。"

"真是一个傻孩子，嘻嘻嘻。"

小男孩不顾青鱼的嘲笑继续游，游啊游啊，在游到大约170多米深的时候，海底变得明亮起来。哈哈，原来是有好多发光的鱼儿游来游去。

"小家伙，晚上好！"身长不到十厘米的光眼鲷鱼过来打招呼。

"小客人，你好！"散发着绿光的角鲨招了招手说道。

"这么晚了，你来海底干什么呀？"天竺鲷鱼问。

"你们好，我来找一顶珍珠花冠，你们怎么都会发光呢？"小男孩问。

"哦！我们都是深海鱼，身上能分泌一种荧光素，和血液中的氧发生化学作用之后，就能够发出光亮。"

"好神奇呀！你们能帮助我找到那顶珍珠花冠吗？"

"好啊好啊，我们好久好久都没有看见过人类了，他们一般都被一百米以上的黑暗海底吓退了，哈哈。"一群灯笼鱼游了过来，打趣说道。

小男孩很快就在一簇珊瑚礁里发现了那顶漂亮的头冠，他谢过所有的发光鱼后，游上了海面。

小公主简直不敢相信自己的眼睛，"哦！勇敢的小男孩儿，我以为你早就被水怪给吃了呢！"

"不会的，我相信通过黑夜就是白昼，穿过黑暗就是光明，我一定会找到珍珠花冠的。"小男孩坚定地说道，背着五百个金币乐呵呵地回家了。

守信用的鳄鱼

很久很久以前，有一条老鳄鱼，他的身体好长好长，嘴巴好大好大，牙齿好尖好尖。他每天都要吃好多好

多的东西。

"啧啧啧——"老鳄鱼每次吃完东西，都要嘬自己的牙缝。因为经常塞牙，那些食物残渣留在牙缝里不肯出来，天长日久，把牙齿都腐蚀了。

"唉！真烦人，总是塞牙，可怎么办呢？"

老鳄鱼一转身看见了燕千鸟，那尖尖的嘴巴准能把自己的牙缝清理干净。于是，它对着树上的燕千鸟喊道："燕千鸟呀，你下来给我剔剔牙齿好吗？"

"啊？你是在叫我吗？让我给您剔牙？"燕千鸟有点不相信自己的耳朵呢。

"对呀，对呀，我就是在和你说话。"老鳄鱼尽量让自己的声音听上去和蔼可亲。

"你的大牙齿那么锋利，我可不敢到你的嘴巴里。要是你把我吃了怎么办？"燕千鸟扑打着翅膀说。

"你放心，我绝对不会吃你的，我说话算数。"老鳄鱼说。

"这个——"燕千鸟犹豫着。

老鳄鱼把嘴巴张开，说："你瞧瞧，我的牙缝里有好多好吃的，你一边剔牙一边就可以吃个饱。"

"这个——"燕千鸟依然犹豫着。

"燕千鸟呀，你给我剔牙时，一定都是我吃完东西的时候，对不对？我在饱的状态下，怎么会吃你呢？你仔细想一想。"老鳄鱼继续劝着燕千鸟。

"你说得很有道理，那我试一试吧，你一定要守信用哦。"燕千鸟飞进了老鳄鱼的大嘴巴里。

小小的燕千鸟东啄啄，西啄啄，鳄鱼的牙缝对于他来说就像一个个大餐厅。燕千鸟把老鳄鱼的牙齿剔完了，也吃饱了，他用嘴巴"咚咚咚"地敲了敲老鳄鱼的上颚。

"完工了，让我出去吧。"燕千鸟还真有点担心老鳄鱼不让自己出去呢。

老鳄鱼正在打盹呢，一听见声音赶紧醒来张开嘴巴，把燕千鸟放了出来。

"嘻嘻，你真是一条讲信用的鳄鱼，我很高兴为您服务。"燕千鸟说。

从那以后，小鳄鱼们也都学着老鳄鱼的样子，让其他的燕千鸟剔牙呢，燕千鸟成了牙齿保健医。于是，燕千鸟便有了一个别名，叫作"牙签鸟"。

爱美的虾妹妹

星期一早晨的第一节课，章鱼老师领着一个身着青色裙子的虾妹妹走进教室里，说："同学们好，这是从北湾小学转来的虾小艺同学，大家欢迎。"

"哗哗哗——"，教室里响起了热烈的掌声。

虾小艺心里高兴极了，看来这里的同学们很容易相处呢。

可是虾小艺才高兴一个月，就发觉好多同学背地里窃窃私语，好像在议论自己。

"唉！究竟是怎么回事呢？难道是他们不喜欢我吗？我做错了什么呢？"虾小艺的心里很不是滋味，她找到跟自己比较好的蝴蝶鱼说出了心中的疑问。

"咳！你也发现大家对你的态度有变化啦？告诉你吧，同学们都背后说你爱慕虚荣，爱臭美！"蝴蝶鱼小声说道。

"我没臭美呀！"虾小艺一头雾水。

"你还不承认？你来到我们班后，每隔一两天就换一身衣服，没有重样的时候，你也太讲究穿着，太浪费了吧？"

"嗨！原来是因为这个呀，你们只发现我经常换新衣服，难道没发现我长得特别快吗？小了的衣服穿着特别紧，不利于我成长。"

"哦？是吗？"蝴蝶鱼听了虾小艺的解释，忽然发觉她的确比刚来时高了很多，也胖了很多。

"哈哈，可不是嘛，我得赶紧告诉大家，是他们误会你了！"

蝴蝶鱼把虾小艺经常换衣服的原因告诉了同学们，大家恍然大悟，原来是这个样子呀。

"虾小艺，对不起，我背地里说你是个臭美王。"珊瑚说。

"对不起，虾小艺，我曾经嫉妒过你呢，因为你的新衣服太多了。"小海螺说。

"对不起，虾小艺，我曾经说你爱出风头。"小海丁说。

"哈哈，我原谅你们了，只是希望大家以后对某个同学有意见，直接提出来，有则改之无则加勉嘛。"虾小艺大度地说道。

误会终于解除了，同学们和虾小艺快乐地玩了起来。

爱冒险的小鲤鱼

从前呀，有一条小鲤鱼，它生活在一条大河里，大河里有好多好玩儿的东西，他感觉很快乐。

有一天，从远处飞来一只海鸥，小鲤鱼大声喊，"嗨！漂亮的大鸟，你去哪里呀？"

"我不是什么大鸟，我叫海鸥，从大海边来的。"海鸥解释着。

"大海？也是水形成的吧？有我居住的这条大河大吗？"小鲤鱼对大海充满了好奇。

"嘻嘻，比你的大河可大多了，一眼望不到边呢！"海鸥用雪白的翅膀比画着。

"我能去那里玩玩吗？"

"应该能吧，我听说世界上所有的河流最终都会汇聚到大海。"

"那我要游向大海！"

小鲤鱼开始了他的大海计划，游啊，游啊……

这路途好遥远啊。

"小鲤鱼，你干吗去呀？"胖胖的河豚问。

"我去找大海，到那里玩一玩儿。"

"你真是一个小傻瓜，我认为你在冒险。"河豚摇摇头说。

"不怕！不怕！"小鲤鱼欢快地摆着尾巴说。

小鲤鱼继续向前游啊游啊。

不知游过了多少个日日夜夜，小鲤鱼忽然感觉周围的水变得咸咸的，"咳咳咳，"他大声咳嗽起来，感觉浑身刺痛，没有了力气，"救命呀，救命呀！"

好心的老海龟游了过来，"快点跳上我的背！哪里来了这样一个冒冒失失的小家伙！"

老海龟使出浑身的力气把小鲤鱼快速拖回淡水区，然后赶紧游回大海里，此时，他已经累得气喘吁吁。

小鲤鱼到了河水里，大口大口吐了起来，"哎呀呀，幸亏老海龟爷爷帮我捡回一条命！"他吓得心还在怦怦跳，回头向大海喊道："老海龟爷爷，谢谢救命之恩！"

海龟爷爷说："以后别来大海了，你属于淡水鱼，不适合在大海里生活。"

海龟的美餐

在浩瀚无垠的大海里，海龟米菲和黄鱼丽儿是一对最要好的朋友，他们经常玩捉迷藏和潜水的游戏。

有一天，米菲和丽儿相约去一个新发现的水域玩，鲸鱼大叔说："你们要小心，听说那里有水母，毒性非常大，一定要躲着他们哦。"

"好的，谢谢鲸鱼大叔，我们一定会多加小心。"

米菲和丽儿游呀游呀，三个小时后，他们来到了那片水域，哇！有好多五彩缤纷的水母游来游去，漂亮极了。

"多美呀，他们像陆地上的花儿一样好看。"丽儿称赞道。

"不要让美丽的东西迷惑了，鲸鱼大叔说要离他们远一点。"米菲挡在丽儿面前，他觉得保护丽儿的安全是自己义不容辞的责任。

丽儿刚要说这么柔美的生物怎么会害人呢，不用怕。可是，此时此刻，一个泛着粉色光芒的水母用长长的触手抱住一条小海鱼，越抱越紧，不一会儿，海鱼就不会动了，那些触手就像长了嘴巴一样，把小海鱼消化掉了。

"太可怕了！"丽儿吓出一身冷汗。

米菲说："哼！你在这待着，看我的拿手绝活。"说着，米菲就冲了过去，咬断了水母的一个个触角，并津津有味地把触角吞进肚子里。

"你好厉害！你这样不会中毒吗？"丽儿惊得目瞪口呆。

"不会的，我们海龟天生对他的毒性就有免疫力。"米菲自豪地说，"你也饿了吧？不过你作为一条黄鱼只能吃点浮游生物，他们的触角仅仅对于我们海龟来说才是美餐呀。"

认输的鱼儿们

小海豚在大海里快乐地玩耍，他一会儿追逐海船后面的浪花，一会儿和海鸥说着悄悄话。

"喂，小海豚，我们比赛游泳呀？"青鱼游过来说道。

"好吧。"

"一二三，预备，开始——"蝴蝶鱼当起了裁判，大声喊道。

小海豚和青鱼都铆足了劲儿向前游去，青鱼被远远地落在了后面。

"呼呼呼——我输了。"青鱼喘着粗气说。

"我跟你比一比！"金枪鱼说。

"一二三，预备，开始——"小裁判蝴蝶鱼喊着。

金枪鱼想：我的速度那可是有名的，小海豚绝对不是我的对手！

可是——唉！他用尽了最后一分力气，也没比过小海豚。

这时，鲨鱼游了过来，听说他们都输给了小海豚，不服气地说："你们靠后，看我的！"

"一二三，预备，开始——"

听了裁判的口令，鲨鱼像离弦的箭一样冲了出去。小海豚呢，好像没费什么力气就滑了出去，而且遥遥领先。

"唉，真是见鬼了！"鲨鱼翻着白眼说。

鱼儿们不服气地找来海龟老爷爷，问："海龟老爷爷，为什么我们都比不过小海豚呢？"

"呵呵，首先你们要明白海豚不是鱼……"

"他不是鱼，那是什么？"海龟爷爷刚刚说了一句话就被大家打断了。

"你们慢慢听我说，海豚属于哺乳动物，他成为超级游泳能手是有原因的，因为它的体型是流线型的圆锥体，皮肤又很光滑，游泳时，水的阻力特别小，你们怎么能比过他呢？"

"哦！"鱼儿们都惊讶地张大了嘴巴，彻底认输了。

海洋童话七则

鲸王的决断

| 李志伟 |

在所有的鲸鱼中，抹香鲸是非常聪明的一种。而抹香鲸王更是所有抹香鲸中最聪明的，他最喜欢的娱乐，就是思考。

这天午饭过后，鲸王又思考开了。

"真奇怪，"他说，"现在气候这么温暖，海洋这么平静，为什么我们鲸鱼的数量却越来越少呢？"

"大概是因为人类的滥捕滥杀。"抹香鲸参谋官说。

"人类？"鲸王皱眉头，"你是说那种个子矮小、四肢乏力的可笑动物？他们能捕杀我们？"

"是的，鲸王！"参谋官毕恭毕敬，"直接交战，人类当然不是我们的对手，但是他们却制造出捕鲸船、捕鲸炮等铁家伙对付我们。"

鲸王叹了口气，"我们不是铁家伙的对手，"顿了一下，他又问："你说，人类为什么这么聪明？"

"大概……"参谋官想了想，"因为他们生活在陆地上吧。"

"据我所知，在千百万年前，我们的祖先和人类的祖先都生活在陆地上，"鲸王说，"但是陆地的自然条件太差了，又是刮风下雨，又是火山地震的，我们的祖先就移居到大海中，过上安乐舒适的生活……"

"正是这害了我们，"参谋官说，"人类在与自然抗争的过程中越来越强大，越来越聪明，而我们却贪图生活的安逸，大脑逐渐退化……"

鲸王陷入沉思，很长时间都不说话。

这时，抹香鲸王后突然慌慌张张地游过来。

"大王，不好了！"话一出口，王后就哭了，"咱们的孩子被……被人类抓走了！"

"啊？！"鲸王吃惊，"快带我去！"

鲸王浮出海面，远远望见自己的孩子被捕鲸船高高吊起，只听见幼鲸长声哀号。

鲸王一摆尾巴就要冲上去，被参谋官挡住了。

"过去等于送死！"参谋官大喊。

鲸王明白，鲸王恨自己连亲生骨肉都保护不了。他用尾巴把海面拍得哗哗响，并喷起冲天的水花。

目送着捕鲸船扬长而去，鲸王觉得自己身体的一部分也被带走了。

"我要上岸！"鲸王突然冒出一句。

"您说什么？"王后不明白。

"我说我要上岸！"鲸王大吼，"我要率领所有的鲸鱼弟兄上岸生活，我要比人类更聪明，我要战胜人类！"

"他是不是疯了？"王后问参谋官。

参谋官也难以接受。"大王，请您三思，"他说，"我们鲸类早就不适应在陆地上生活了，再说……"

"什么适应不适应！"鲸王粗暴地打断他，"我们的祖先能够在陆地上生活，我们也能——马上去召集所有的弟兄！"

参谋官无条件服从。他知道鲸王一旦发怒，十艘捕鲸船也别想让他回头。

不长的时间里，抹香鲸被召集齐了。鲸王选择了一片荒凉的海滩作为冲锋地点，他不想让人类知道这次行动。

众鲸鱼排好队。鲸王一声令下，鲸鱼们排山倒海般发起冲锋。鲸王冲在最前面，高高的海浪将他们卷上海滩，然后悄然退去。

鲸王躺在海滩上，第一次发现自己是如此无力。他甚至连尾巴都甩不动了。

"大……大王，"王后躺在旁边，声音嘶哑地说，"太阳好毒啊，我的皮肤都快被晒裂了，好……好难受……"

鲸王也头晕眼花，可是他痛恨王后的软弱。

"住口！"鲸王大声说，然后猛喘几口气，"难道……咳咳，难道你想自己的子孙都被捕鲸船抓走吗？"

王后当然不想，她不作声了。

这时，参谋官突然叫起来："大王快看——人类！"

鲸王这时候最怕听到"人类"两个字，比听到"捕鲸船"还怕。他费力地睁开眼睛一瞧：果然，远处的礁石上出现几个又黑又小的人影！他们看见沙滩上的鲸鱼，一边挥手，一边大声地呼喊着。

"完了，"鲸王想，"这帮狡猾的人类，真不知他们怎么发现的！他们绝不会放过这个大好机会，他们一定会把我们全部抓走，抽出鲸骨制作艺术品，再切下鲸肉烹制美味佳肴，还有珍贵的鲸皮……"

想到这里，鲸王流下了眼泪。

这时，那群小人奔到了海滩上。他们身后跟来十几辆大吊车，天上还飞着直升飞机。出乎鲸王意料的是，他们并不把他们抓走，而是心急火燎地把他们往海里送！

鲸王在毫无反抗能力的情况下被送回大海。王后也回来了，她大口大口地喝着海水。

"这是怎么回事？"连足智多谋的参谋官都纳闷了。

"啊，我明白了！"鲸王突然高叫，"人类怕我们上岸后比他们厉害，就把我们往海里赶——多么阴险呀！"

"说得对，跟我冲啊！"

鲸王再次冲上海滩。在他身后，数不清的抹香鲸正前赴后继地赶来……

人类的各大媒体竞相报导此事——

"最近，在太平洋的海滩上出现了令人触目惊心的抹香鲸自杀事件！成千上万的抹香鲸被冲上海滩，使这种珍贵的物种濒临灭绝！抹香鲸为什么要集体自杀？这在科学上还是一个谜。我们在这里向全世界呼吁：救救抹香鲸！"

鲸鱼的决断

小说。

冰海求生

|老 臣|

1

孪生兄弟攀登、攀跃，气喘吁吁地从市中心跑回海边的时候，鹅毛大雪已落得纷纷扬扬，整个世界一片雾茫茫的白色。他们在冰沿上收住脚步，两人愣住了。冰车呢？他们的冰车呢？飘飘洒洒的雪花抹平了冰海表面上全部的裂缝，他们早晨登陆时掩藏冰车的冰隙被白雪遮盖得无影无踪。

"哥，哥……"攀跃眼睛里涌出泪花，他不知所措地望着和他一般高矮、一个模样的哥哥。黄昏因为乌云遮挡已经提前来临，铅灰色的云层把天空压得低低的。

哥哥攀登的团团脸在狗皮帽子下呈现出雾色。

"走，找找吧。"他没忘记自己是哥哥。虽然攀登只比弟弟早来到这个世界 42 分钟，但即使陌生人也会在经过比较后认出他是哥哥，是因为和弟弟在一起时，他始终扮演哥哥的角色吧。

"咋找呀？"攀跃的眼泪就要摔下来了。雪花扑在脸上，仿佛乱撞的蛾子，让他狗皮帽子间裸出的半块脸痒痒的。他真想大哭。

攀登不理弟弟，大步迈上冰冻的海面。脚下一滑，他棉胶鞋里的趾头赶忙扎撒开，加强和地球的联系。他概略地分辨方向，海滨有座凉亭，六个檐角缺了一个，缺角正指向他们掩藏冰车的地方。他用手遮着前额，瞄着那个模模糊糊的断檐，用脚蹚着雪走。脚下的冰面滑溜溜的。忽然，鞋跟儿一硌，他知道踩到了冰缝，忙猫腰去掏摸。雪凉沁沁的，但冰缝里什么也没有，只撩了满手湿漉漉的水腥气。

"不是埋在这儿吧？"攀跃直着身体问哥哥。

攀登不答，只管沿冰缝向前，划出一路不规则的曲线。雪沟已经犁出五六丈远，并没有惊喜的发现。

"肯定是让人偷走啦。"攀跃嘟哝着，学着哥哥的样子，沿着冰缝向另一个方向走。他也一无所获。

攀登站起身，回望陆地，缺角的凉亭在昏暗中变得更加模糊。他瞄着断角，又向海深处走去。脚再次踏到一道冰缝，他扒开浮雪去寻找，可是仍旧一无所获。

雪花扑簌簌落着，海滨一个人都没有，空空荡荡。夜色已悄悄地撒落硕大的幕布。攀登看一眼弟弟，回头望向大海的深处，辨别一下方向，碎步向前跑去。

"哥，咱就这么步行回家？"攀跃跟在哥哥后面，重复着哥哥的动作。海岛上的孩子都有跑冰的经验，脚板起落要稳，步子不能拉大，否则，光滑的冰面摔起人来毫不客气。

"快跑吧。"攀登说，步子慢下来，等弟弟和他挨肩时，再一同加速。

"哥，20多海里呀，滑冰车也得两个多小时呀。"

"快跑！"攀登说，并不回头，继续向前。

攀跃赶忙闭紧嘴巴。顶着风雪行走，只要一张嘴就会被海风呛得嗓子眼儿冒辣烟。

夜幕下，渤海辽东湾冻得硬梆梆的冰面上，两个长得一模一样的少年，在风雪中奔跑，像两头皮矫健的雪鹿。

2

海岛那么遥远，仿佛遥遥无望。

雪越落越猛。冰面上不时传来"咔咔"的冰裂声，让人毛骨悚然。"扑簌簌"的落雪声在四下里喧哗，让人听觉麻木。宽阔的冻海混沌一片，雪雾蒸腾，挟裹着海洋深处刮来的潮气，有些发苦。孪生兄弟远离岸边，跑到冻海深处时，身上已蒸腾出黏黏的热汗。他们先是打开紧捂着的两扇狗皮帽耳朵，然后又敞开紧裹的腰带，但汗气仍从周身每一个毛孔中渗透出来，整个人好像要变成一个滚烫的锅炉，往外散发燃烧的热量。

"哥，咋还不到家呀？"攀跃气喘吁吁。

"跑吧，会到的。"攀登应着。他在默默数数，一步又一步，数着数着，就忘记自己数满多少个一千了，反正已经离大陆很远很远了。海岛的影子迟迟不肯出现，黑暗中一片迷茫。

"咕咚——"身后传来一声响，是攀跃摔倒了。攀登赶紧收拢脚步，双脚前滑一丈多远才停下来。"弟，弟！"他冲身后喊。

攀跃已经"唉哟，唉哟"叫着，在黑暗中爬了过来。

"你，没摔坏哪里吧？"

"没有。"

"好，快过来。"

攀跃站起来，哥哥赶忙去卸弟弟肩上的背包。弟弟挣扎了几下，背包还是被抢到了哥哥背上。

"快跑，咱应该快到家啦。"哥哥说。

"咱妈说不定咋着急呢。"弟弟拖着哭腔说。

"那咱更得快跑。"哥哥说。

孪生兄弟手牵着手，跑起来，冰冻的大海在脚下颤动起来。

但是海岛似乎变得十分遥远，咋就不能几步就跑到呢？晴天里在海岛上望，大陆上的铁塔、楼群显得十分清晰，夜里望，有时看得见首山顶上一闪一闪的航灯。兄弟俩早晨坐冰车登上陆地时多么轻松。木制冰车的钢条在光滑冰面上犁出清脆的响声，冰锥舞动，风在两人耳边"呼呼"刮起。玩笑之间，他们就跨过了遥遥冻海，从海岛来到城里。是呀，那时多快呀，早晨出家门时东方刚刚泛红，登陆之时日头刚好在海平线升腾起来。可是，此刻没有冰车，兄弟两个就像小鸟失去翅膀，海路突然拉得很长很长。

"哥，你说，咱妈这会儿在干啥？"攀跃牵着哥哥的手，气喘吁吁地问。

"早把被子给咱在热炕焐好啦。"攀登气喘吁吁地回答。

"我到家就往热被窝里钻，睡上一觉多舒服呀。"

"噢。"哥哥应，他眼前浮现出家里的土炕，温暖地散发出沙土的甜腥味儿，洋溢着冻海开化时春天的气息。

"哥，离家还有多远啊？"

"别说话，走稳，快！"

大海在冰下喘息，不时涌动着波涛，撞出憋闷压抑的"咚咚"响声……

3

　　攀跃再次摔倒的时候，攀登才不得不承认一个严酷的现实：他们迷路啦！

　　兄弟俩身上没有钟表，但凭他们与爹爹夜渔的经验，按他们疲惫的程度计算，早应该跑出四十到五十海里了，如果不是迷路，早该踏上海岛啦。可空气中没有丝毫海岛特有的土腥味儿，显然他们离海岛还很遥远。雪花团团卷卷，天空被压得很低，冻海无边无沿的，海岛在哪里呢？

　　"哥呀！"攀跃大哭起来，趴在冰上不动。

　　"孬种，起来！"攀登去牵弟弟的手。但攀跃仿佛一汪泼在冰上的水，生了冰根，哥哥没能把他拉站起来。

　　"你找死呀！"攀登大骂。

　　"哥呀，咱再也看不见妈啦！"攀跃瘫坐在冰雪中，干着嗓子嚎。

　　"起来，起来！"哥哥用脚去踢，弟弟终于摇摇晃晃地站起身来。

　　"咱往哪里走呢？"攀跃在风雪中叫。

　　是呀，往哪里走呢？攀登抽搐下鼻孔，没有嗅见土腥味儿，却嗅见一股久违了的海水的气息。哥哥打个冷颤。水腥味儿和土腥味儿截然不同，水腥味越浓，离陆地越远，离海水越近，久居海岛的人都有这种经验。难道挨近海水了吗？海湾是封冻的，但距离陆地四十海里以外的地方，海水只结冰凌，没有冻封。冬天苍白的阳光下，白天的大海发出苍绿的颜色。越临近海水的地方，冰面越薄，人踏在上面，随时会随浮冰一起塌陷到海水中去。

　　"快，起来，往回走。"哥哥叫，连拖带拽，和弟弟一起踉踉跄跄往回走，冰雪上有他们刚刚踩出的脚印，他们必须原路返回。

　　雪花被海风搅拌，成尘雾状，在无遮无拦的冰面上撒泼打滚。潮湿的雾气迈着猫一样无声无息的脚步，灵敏而诡秘地四处窜跃。雪尘似乎想把海面彻底抹平。他们留下的脚印在面前越来越模糊，走出不远，面前便只剩下平展空旷的雪海。

　　"哥，往哪里走呀？"弟弟站立在风雪中的身体颤抖着。

　　是呀，往哪里走呢？他们伫立的地方，一面是大海，一面是陆地。阴郁的天空，飞舞的风雪，让他们迷失了方向，辨不清东南西北。他们的家，那个小小的海岛，好似一叶丢失在茫茫大海上的舢板，无影无踪，让他们该往哪里去呢？

攀登摘下头上的帽子，雪花扑落在光脑瓜上，瞬间就融化啦。他鼻翼扇动，仔细嗅着，分辨水的腥味儿。从陆地启程时刮的是南风，顶风走是向南，是海岛的方向。此刻，背风走是陆地的方向，只要径直向前，肯定能登上大陆。但谁知此刻是否已改变风向呢？12岁的哥哥也开始颤抖起来，心里乱得像是长满茅草。他努力咬紧牙，不让牙齿磕打出响。

时间定格了一般。不知过了多长时间，攀登终于辨认清楚海水的腥味儿，那是海洋的气息，散发着鱼类和扇贝的体香。他重新戴好帽子，认准了方向，牵上弟弟的手毅然向前迈开脚步……

4

孪生兄弟双双摔倒的时候，风势正在减弱。天空仿佛巨大的筛箩，把大片大片的鹅毛雪筛成成雪糁子，砂子一样生硬，打得皮肉生疼。兄弟两个趴在冰雪上，久久的一动不动。

"起来，弟。"哥哥先有了动静。冰冻的大海仿佛加大了对身体的引力，攀登眼冒金星，仿佛看见阳光在头顶上照耀，他和弟弟亲手堆塑的雪人，正在吱吱地消融。他打了个冷颤，想，难道自己也要变成一汪水，成为冻海的一部分吗？

"哥，哥，我起不来，起不来呀！"攀跃在叫。他没有哭，自打接受了迷路的现实，他就不哭了，仿佛一瞬之间长大了许多。

兄弟俩躺在冰海上，雪要覆盖掩埋住他们。两人距离一丈多远。哥哥大叫："弟，来呀！"弟弟也用力去叫："哥，来呀！"两个少年，像两条在冰上挣扎的鱼，都探出手，都要去抓住对方。他们心中明白，只有兄弟俩在一起，相互掺扶，才会站立起来，才不会与冰雪冻成一体。雪雾团团卷卷，迈着猫一样轻的脚步，不怀好意地包围着他们。

两双手终于一寸一寸接近，终于握到一起。哥说："弟，起来！"弟说："哥，起来！"孪生兄弟相互支撑，终于在风雪之中站立起来。

"哥，咱们这是在哪里？"

"海上。"

"离咱家多远？"

"不远。"

"咱喊吧，喊咱妈。"

"喊吧，喊咱妈就会胆壮！"

于是，雪中的冻海之上，响起两兄弟的喊声。

"妈——"

"妈妈——"

喊声随着雪尘团团卷卷飞扬，并不会传出多远，那疲惫的声音很快就随黏稠的雪雾一起凝冻在海面上。

5

风停啦。雪粒子没有海风助威，失去力度，不再抽打得人皮肉生疼。天变得冷冽起来。那是潮腻腻的寒冷，透着一股浸入肌肤的潮气。但是，兄弟俩却在这时发现了希望。不远处，海面上突起一个硕大的冰砣。攀登马上想到，那冰砣里应该有冰窟。海面上有许多这样的冰窟，依托礁石形成。大海封冻时，先是海面上结满冰凌，大海涨潮时，给海浪推送，在礁石上逐渐堆积。随着寒冷的加剧，冰凌越聚越多，突起的礁石上就突起巨大冰坨。随着潮涨潮落，海水贴着礁石上侵，在冰与礁石之间，形成隔离屋，就是冰窟。

兄弟俩相互搀扶，走向冰窟。果然，他们扒开浮雪，哥哥抬脚用力一踹，身体随着冰块子塌陷下去，落在了礁石上。他一阵喜悦，赶紧叫："弟，下来！"于是，兄弟俩都躲到冰窟里面。海水落潮而去，礁石湿漉漉的，发出沁人肺腑的腥味儿，透出暖洋洋的气息。

"哥，这是哪儿？"攀跃紧贴着哥，问。

"大海呗。"

"我还不知道是大海吗？"攀跃嘟哝道，他不再说话，只想坐在礁石上，沉沉地睡上一觉。但他身体刚一软下去，屁股上就挨了一拳。"别坐下，坐下就再也起不来了！"哥哥吼。

"哥，我好饿！"攀跃赶紧站起来，但他小腿打颤，怎么努力也站不稳。这座冰窟不大，刚好有他个子那么高，他用力抬头去顶冰面。

攀登摘下书包去找食物。他去里面掏面包的时候，掏到了蜡烛，12 根，整整 12 根呢！还有火柴，一种特制的杆儿长长的火柴。

哦，原来，那是他们为自己的生日购买的蜡烛，那火柴也是为点生日蜡烛特制的。

他们购买蜡烛和火柴纯属偶然，但正是这偶然此刻给了他们希望和机会，使兄弟两人能够与黑暗、寒冷、恐惧抗争下去。

事情的起因是一次"手拉手"活动。

海岛小学与大陆县城的第二小学结成了"手拉手"学校，两个学校的同年级学生互相联系，互相交流。作为五年级学生的攀登和攀跃，因此拥有了一个硕大的书架。那是县城二小五年级一班全体同学捐赠的。海岛五年级学生只有这孪生兄弟两人，那些书当然全部成为他们的财富。他们第一次见到这么多的书呢，足足有 300 本。

该回报城市同学点儿什么礼物呢？兄弟俩开始积攒各种各样的贝壳、漂亮的海星星、五颜六色的卵石，并且悄悄酝酿一次大陆旅行计划。寒假的第三天，他们成功地实现这次凌晨开始的大陆之行。

他们在海边的冰缝里掩藏好冰车，走进县城，找到第二小学，正好遇见值周的五年级一班同学。值周的同学十分高兴，马上打了许多电话，发出海岛客人来到的消息。空荡荡的五年级一班教室，很快变得热闹起来。有一位叫鲁冰冰的女孩儿这天过生日，为了欢迎海岛来客，她特意把晚上举办的生日晚会提前到了中午。拉上窗帘，点亮烛光，海岛少年在新鲜的生日祝福歌中陶醉啦。

"祝你生日快乐，祝你生日快乐……"他们用唱拉网号子的嗓子，和城里同学一起唱歌，一起鼓掌，看鲁冰冰鼓起嘴巴，吹熄12根生日蜡烛。就在那烛光之中，他们想到了自己的生日。那个叫鲁冰冰的女孩儿，只比他们大一天。第二天就是兄弟俩的生日，差点儿给忘掉！

兄弟俩以前是怎么过生日的呢？妈妈每次都是给他们每人煮两个红皮鸡蛋。城市女孩儿的生日烛光，让他们发现了生日另类的快乐！

告别"手拉手"的朋友，孪生兄弟走上城市街头的时候，他们都产生了那样的想法，就是也给自己搞个生日晚会，也点燃 12 根蜡烛！

可是，在买蜡烛之时，兄弟俩发生了急执。弟弟要买小巧的红红绿绿的生日蜡烛，就像鲁冰冰点燃的那种。哥哥却是想买 12 根茁壮的红蜡烛。当然哥哥的意见正确，12 根红蜡烛吹熄之后，还可以在停电的夜里照明，一举两用。尽管弟弟嘟哝说不点生日蜡烛不尽兴，可心里还是透着股高兴劲儿，毕竟会有烛光摇曳的生日晚会啦。为了讨论谁先吹灭蜡烛，小兄弟俩甚至在城市街头争吵了一会儿。不过，他们很快统一了意见，那就是与妈妈喊"一、二！"然后两兄弟一齐动嘴用力去吹向那柔软的烛焰……

冻海之上，攀登摸着蜡烛，心里乍然一亮。他颤抖着手，擦燃火柴。火苗蹿跳着，照亮了兄弟两张一模一样的面孔。

蜡烛被点燃了，照得冰壁晶莹剔透，照得礁石发出湿润的光泽。兄弟俩在烛光里对视一眼，脸上绽开一模一样的笑来。

冰窟之外冷酷的冰雪世界，被温暖的烛光驱赶得远远的。

6

孪生兄弟开始吃面包。那是县城推板车的小商贩出卖的粗糙的面包，虽没有洁白的奶油，仍然在冰窟里飘散出醇香的气息。他们吃几口干面包，又去探手到外面抓几把雪解渴，吃得香喷喷的。寒冷、疲惫、凶险、绝望，一切不祥的感受，都离他们远去。

"哥，鲁冰冰的手真白净。"

"噢。"

"她声音咋那么轻呢。"

"噢。"

"哥，现在该到咱的生日了吧？"

"到了吧。"

"咱回不了家，咱妈可得多么着急呀！。"

"噢。"攀登应付着弟弟。平日里就是这样，在快言快语的弟弟面前，他总是显得老成持重些，装扮成一个长者。

"哥，咱唱那支歌吧！祝你生日快乐，祝你生日快乐……"攀跃忽然唱了起来。唱着唱着，他脸上浮现出陶醉的神色，仿佛回到了城市的生日会上，看见叫鲁冰冰的女孩儿鼓着红润双唇，一口气吹熄12根彩色的蜡烛。

可是，在弟弟陶醉的时候，攀登却停止了咀嚼。他撩起狗皮帽子耳朵，贴近冰壁去聆听。

"哥，咋的啦？"攀跃问。

攀登三口两口吃下面包，没有吭声。他麻利地收拾好背包，借着烛光，找到一块书包大的冰块，那冰块戴在一块瘦长的礁石上，是空心的。弟弟马上明白了，哥哥是要制作一个冰灯。

"嗵，嗵，嗵。"终于，攀跃也听见了冰壁上透过的闷响，他的脸一下子变得像哥哥一样严峻。

"涨潮啦？"弟弟问。

"涨潮啦。"哥哥回应，他努力控制住内心的紧张感。

"噢……"弟弟并没有慌乱，他只是轻轻地点点头。

潮水涌荡的声响越来越重，越来越响，越来越近……

7

孪生兄弟两人被涌荡而来的海水逼出冰窟，重新回到空旷的海面。

雪落得越来越稀疏，雾却更浓了，在少年身边，它们变成拥拥挤挤的猫群，幻化着扭捏着腰肢。

内衣、帽子的里面，全让汗水打湿了，两人站在冻海之上，皮肉觉得格外湿冷。那湿衣似乎要结冰一般。但他们没有恐惧，因为有一柱冰灯与之相伴。蜡烛燃烧着，把水桶粗的冰柱映得晶莹剔透。雾气中，火苗烧得不旺，似乎随时会被潮湿洇灭，但烛光始终亮着，并透出一股暖洋洋的气息。

兄弟俩已经商量好啦，他们决定在冻海上熬过这一夜。四下里一片黑暗，浓雾中隐藏着冰窟、冰缝等万重凶险。他们不能再盲目地去寻找海岛和大陆，迷路中的远行就像落网后拼命挣扎的鱼，静止不动才会增加生存的机会。

可是，夜冗长得无边无际。烛火虽驱走黑暗，他们心里仍不踏实。潮声在冰下涌荡，冻海似乎随时会瓦解成无数碎块。

家在哪儿呢？听不见妈妈的呼喊，嗅不见土炕温暖的气息，兄弟俩那样孤立无援。他们怎么熬过漫漫长夜呢？

"哥，我好冷！"

"弟，咱跑步吧，跑起来就不冷了！"

于是，冻海上又响起了兄弟俩的脚步声。冰灯在礁石顶上的冰块上闪烁，兄弟俩围着烛光，绕圈儿跑。一圈又一圈，一圈又一圈，半尺厚的积雪渐渐踩实，变得溜滑。烛光闪闪，冰圈仿佛一个巨大的项圈，闪闪发亮。

"哥，我困。我好想睡一觉呀！"

"弟，咱不能睡，也不能停步，停下来我们会被冻僵的。噢，现在是咱俩的生日！"

"可是，哥，天啥时候亮呢？"

"咱俩是凌晨生的，我比你早落世 42 分钟。"

"12 年前的这时，世界上有咱两个人了吗？"

"有了呀！刚生下我的时候，爹高兴得一跳高，头撞了房顶呢！"

"哈哈，哥，先祝你生日快乐！"

"弟，也祝你生日快乐！"

冻海上，两个少年唱起生日歌来。

雪在歌声中停息了，但雾却把天与海搅得更加混沌。烛光中，雾气是无数颗窜动的细密水珠，不，是冰珠，团团卷卷，不时闪动道道细小的、游动的霓虹，一会儿出现，一会儿又熄灭。

"哥呀，我好想睡觉。"

"弟呀，快唱，唱呀！"

"哥，我困呀。"

"弟，你听，妈在给咱鼓掌，鲁冰冰也在鼓掌！你听，咱爹，在南海的渔船上，也听得见咱的歌呢！"

"哥，祝你生日快乐！"

"祝你生日快乐……"

8

蜡烛燃烧着，燃烧着，越来越短，终于变成一汪凝固的红泪。海面上又恢复一片黑暗。已经烧掉三根蜡烛了，烛火仍然未能把天空和大海点亮。雾气也仍然黏腻稠浊。

攀登在第四根蜡烛熄灭的时候跌倒在冰面上。弟弟没有听见哥哥摔倒的声响。事实上，哥哥也没有发出声响，他倒下时，仿佛在冰海中泼洒了一碗水，无声无息，了无痕迹。

"叭叽！"攀跃绊在哥哥身上，也摔倒了。

"哥！"他叫了一声，可是，没有回音，哥哥像一堆软泥，没有发出任何声音。

"哥呀！"弟弟摇着哥哥的手臂，大叫。他不停地拍打哥哥的脸，又去捏哥哥的人中穴。

"噢。"哥哥终于发出了声音，是一声虚弱的叹息。

"哥，哥呀！你起来，起来！"弟弟拼力拖拽哥哥，但哥哥的身体仿佛冻在了冰上，一动不动。

"弟，火。"哥哥虚弱地叫。

"火柴，哥，火柴在哪儿？"弟弟冻僵的手去掏哥哥的口袋，但是，他没有摸到那印着高额头寿星老头儿的特制火柴盒。

"火，火！"哥哥叫着，想爬起来，但他觉得仿佛给抽去了筋骨，发不出力气来。

弟弟在冰圈中寻摸，在哥哥的脚边，摸到了硬硬的火柴盒。原来，哥哥刚才眼见烛火将灭，下意识地去掏火柴，可脚下一滑，跌倒了，火柴失落在脚下。

"火，火！"哥哥的叫声里，火柴在弟弟僵硬的手中擦燃，蜡烛重新点亮，冰灯摇曳的光亮中，弟弟终于搀扶起哥哥，两人一同跌跌撞撞围着冰灯奔跑起来。

"哥，别躺下！"

"弟，不躺下！"

"咱唱歌吧！"

"祝你生日快乐……"

微弱的歌声在冻海上微弱地响着，充满震撼人心的力量。

他们又一次摔倒了。两人都大口大口地去吞吃雪粉，嘴边长满了白色的冰霜，像两个白须老人。他们相互望望，都笑了，相互支撑着，又一次站了起来……

9

大风又刮起来啦。

浓雾厚重得乌云一般，冻海上浮雪飞扬，雪烟旋转，风声凄厉。潮水在冰下撞击，发出沉雷般的闷响。烛火闪耀，照出风的狰狞，映出雪的凶猛。一股旋风骤至，一下子把冰灯埋住半截，烛光渐渐弱小下去，火苗小得像一滴眼泪。小兄弟俩赶紧扒开积雪，让空气透进冰罩中。火苗蹿了几蹿，又拔高了一节。

小哥俩相互支撑着，又开始在烛光里的舞蹈。

那是最动人的舞蹈，脚步踉跄，却不停息；身影摇晃，却不肯倒下。少年兄弟俩不仅仅需要战胜风雪、寒冷、恐惧，更要战胜自己。困倦、疲惫随时会把他们打倒，假如没有烛光照耀，没有两个生命的相互支撑，他们的舞姿又会怎样？雪与雾笼罩着他们，烛光仿佛是舞台灯，映照着一场惊心动魄的演出。

他们想象着城市有暖气的教室，面孔洁净的城市里的同学在唱着祝福的歌曲；他们也想象着爹爹，在空旷的大海上，摇一叶舢板夜渔；他们也想象着妈妈，把电灯移到窗前，照亮他们回家的鹅卵石铺就的门前小路。身边的世界因此亮如白昼。

烛光一闪一闪，那是对黎明的呼唤……

"哥，祝你生日快乐！"

"弟，祝你生日快乐！"

两个少年，就这样在凝冻的波涛上舞蹈着，寒冷远离他们的身体，恐惧躲进雾的深处，并且，黎明悄悄地向他们走来了。

"哥，我想妈！"

"弟，我也想妈！"

"那么多书还没看哩，哥。"

"咱有时间看的，弟。咱们要跑下去！"

"祝你生日快乐……"

"祝你生日快乐……"

10

那一夜，海岛上的居民彻夜不眠。他们分成几路人马，分头去寻找失踪的少年。

冻海之上，到处是起伏跌宕的雪沟、雪谷、雪坎，风雪的肆虐让冰海面目全非。

当海岛小学的校长领着一路人在黎明前最黑暗的

时刻，看见前方一苗跳动的红光时，泪水顿时夺目而出。

那会儿，天已经晴了，雾也已经被风刮散了。

尽管那苗火光在空旷的冰海上显得微弱，但它还是把一座雪砣映得晶莹剔透，把少年的脚下闪闪照亮。

围着雪砣，孪生兄弟两个少年相互搀扶，在烛光里面绕着圈跑，脚步踉跄，跌跌撞撞，却不肯停歇。不，那不是奔跑，他们是在赶路，是在追赶黎明。

在他们附近，半海里之外，前面是海水，左面是海水，右面也是海水。他们的位置，正是在冻海深处突出的冰岬上。

人们向两个少年奔跑而去。

人人都听见了那微弱的歌声。

"祝你生日快乐！"

"祝你生日快乐！"

人人都热泪盈眶。

冻海上的冰灯，终于点燃了黎明的光辉……

冰 海 求 生

雪天的红草帽

| 老臣 |

　　天在下雪，开始是一片一片地飘，后来就一张一张的落。雪花由小变大，由薄变厚，雪中的老人感觉得到雪的份量了。

　　老人是个摆地摊的。没有床位，就是在地上铺块油布，摊些个海螺、石仔、贝壳、项链，还有一些海滨旅游区常见的零碎工艺品。他一身黑色打扮，与雪的颜色形成强烈反差。

　　天寒地冻，连海都冻得严严实实的。渤海辽东湾里，就这一片海域封冻。冰冻的大海与冻江、冻河、冻湖不一样，独有一种冰海的气势。因此，来赏雪踏冰的人很多。但雪下起来，冰面上的人就纷纷地散了。虽没有了游客，老人却不肯收摊，只是用块黑布把摊上的零件苫住。黑布很快就变成花布，最后，就变成一片素洁的白布啦。

老人不走，而是在向冻海里望着，似乎在等待什么。他偶尔自然自语，雪花趁机飞上他的唇边。"咋还不来呢，咋还不来呢？"这声音给风刮着，和团团卷卷的雪花搅在一起。

那几个少年从冰面跑上岸的时候，自然看见了老人。那会儿，老人已不再是黑色的，他周身遮满雪，像个冻僵的雪人。少年们看见老人的同时，眼睛被扎了一下，因为他们看见一把看不清颜色的伞。伞下，有一颗红红的太阳，分外醒目。

哦，那是一顶红草帽。

"这老头儿，真是个守财奴。这样的天，谁会来买他的东西呢？"有个男生轻蔑地道。

"瞧，他多怪，有伞不遮自己，遮那顶红草帽。"一个女生说。

"这世界上，啥怪人都有。"

少年们议论着，已到了老人的地摊前。一个男生上前打招呼，道："老爷爷，海上没人啦，回家吧，我们是最后一伙人。"

"噢，噢。"老人应着，不看男生，看那些没带遮雪帽的女孩儿。

"老爷爷，这草帽多少钱？"一个女孩儿上前，就要去伞下抓草帽。但是，她挥出的手却被老人给挡了回去。

"我买。"女孩儿固执地道，"多少钱我都买。"

"噢，噢，不卖的，不卖的。"老人说着，却固执地挡在了少年们的面前。

"不卖，在这里摆着干啥？"女孩儿显然有些气恼。是呀，这大雪天里，有一顶遮雪的草帽多好。她看清了那顶草帽，去年冬天，学校里很流行的。这草帽是用本地红螺山中一种天生红色的草编织的。那草任凭风吹日晒不会褪色，而且，柔柔软软的，又遮雪又保温。可惜，去年没有买，而今年又开始流行一种帆布的牛仔帽。

"不卖！这是一个女孩子的。她会来取的。她说过，到海上滑冰后，就来取草帽的。"老人嗫嚅着说。

"人家不卖，咱快走吧。"一个男生说着，就要走。

老人的老眼忽然放出光来，道："你们打听打听，去年冬天，有个女孩儿把草帽寄放在我这儿，再没有来取，再没有来取。"

"哇，去年的事呵？都一年啦，人家谁会要呢？不就是一顶草帽吗？"女孩道。

"这顶草帽，她可喜欢哩。等了多少天，等了多少天呢，直到放假那天，她才戴上草帽，可刚刚戴了一会儿，她才刚刚戴了一会儿啊……"老人说得语无伦次，一双老浊的目光又去望冰海。雪花纷飞，面前一片茫然。

"走吧，走吧。一个怪老头儿！"男生们唤着，七八个人就全往雪路上跑去。

"小同学们，你们打听打听，遇见她，让她来取草帽呵。"风雪中，传来老人被风吹来的喊声。少年们叽叽喳喳地跑远了。

雪下着，下着，就不下啦。海洋与陆地被白色连缀成一片。那顶红色的草帽，仿佛地上一颗灼烫的太阳。

第二天，那几个少年又到海滨来啦。远远的，他们就看到了那顶草帽。新鲜的雪在脚下咯吱咯吱响，越挨近老人，他们的步子越沉重。他们是专程来的，

是来给一个梦画上句号。

"老爷爷，我们找到了寄存草帽的女生。"昨天要买草帽的女生低声道。

"噢，是吗，是吗？"老人问，却不看少年，而去看白茫茫的大海。

"她，让我们，来取草帽。"一个男生费力的说。

"噢，噢，是吗，是吗？"老人应着，一双老眼不知是被雪地晃的，还是被风吹的，泪花闪闪。

"是的，是的，是她让来的，我们做证。"男生女生都争着答，有人还拿出学生证给老人看。

老人的泪却已经流下来，紫色的嘴唇哆嗦着，道："谢谢你们，谢谢你们，好心的孩子。"他不去看那些晃动的学生证。

"让我们拿走吧，老爷爷。"女孩怯怯地说道。

"拿走吧"，老人抽嗒着说，"我多想让她戴上这顶草帽啊。"

于是，那顶红色的草帽被几个少年拿走了，他们小心地捧着它。去年冬天，这顶草帽是他们一个女同学的。那个生白血病的女孩儿，在得到草帽的那天，悄悄溜出医院，来到海边，一步步走向冰冻的大海，走向大海深处的波涛……

雪地洁白，草帽鲜红。老人望着远去的少年们，喃喃地道："我的好孙女，我又看见你啦，戴着红草帽……"

老人泪流满面。

后来，这座城市的一所中学校园里，又重新流行起了红色的草帽……

雪天的红草帽

冰海春潮

|老 臣|

1

汹涌沸腾的大海也会僵硬，那是因为寒冷的缘故。

迈出天下第一关巍巍的城楼，刮起的就是关东的风啦。那冷硬的风，窒息热情的风，裹挟着战马嘶鸣、吹荡滚滚狼烟的风，能冻裂宽厚的大地，割断老枣树干硬的枝杈，扼断河流奔放的歌声……

博大的海是最有力量和塞外风抗衡的劲旅，那是一支由雄狮组成的凶悍队伍。海浪汇集群体的力量，想把风扑灭。老北风喧嚣着，邀来白毛雪，要覆盖深不可测的大海。波涛却一次又一次把冰雪融化。狂怒的老北风便不断地把海涛的队伍掀翻，雪与水交融、撕咬，让每一滴浪花都感受到它冰凉的攻势。

那是一场真正的血腥大战。一个又一个回合，两个同样强大的团体以巨大的代价争取微小的胜利。无数日出日落后，战争中止，海天间会出现暂时的安宁。大海粉碎了寒冷窒息万顷波涛的企图，寒冷也实现了封冻几片海湾的小小战果。在越来越冷的日子，周身是伤的海水，只能以凝固的方式面对高远的天空。

哦，那秦始皇修建碣石宫的海岸，曹孟德吟咏"东临碣石，以观沧海"的去处，驰骋着八旗铁骑的古老战场，在漫长的季节里，离波涛远啦。

渔村被冰封雪裹。木舢板，铁壳船，在旅游区乱窜的快艇，全落下张扬的风帆。沉重的铁锚冻在曾经柔软的海滩上。海风吹刮着，远行归来的船队开始在海滩上冬眠。

飘摇的炊烟总在展示生命的活力与不屈，孤独的村庄在冰雪之中守望着大海。以海为生的渔人每天都要到海边打听春天的消息，他们最清楚，只要大气候到来，大海就会积蓄起全部力量，解放被寒冷侵占的家园。

2

在唐朝金昌绪笔下的女子发出《春怨》的时候，她梦中的渤海辽东湾，正在酝酿一场大规模的战役。

在江南黄鹂儿惊梦的季节，我来到渤海湾畔的渔村，气象预报说气温连续上升，春风已经从遥远的南方北上，我来目睹海裂的壮观。

宿在渔村小小的招待所里，时刻感觉得到春天的躁动。男人们已告别烧热整整一个冬天的火炕，他们赶集上店，忙着给渔船换上大马力的发动机。女人们在向阳的海滩上织网，补缀刮破的帆篷。城里的鱼贩子也骑着大红摩托赶来，在渔村与海滩间奔窜，和船主签下盖有红印印的购买海货合同……

海边的高坡上，坐满和我一样等待海裂的人。除我远道而来，他们大都是附近老老少少的渔人。是的，他们更需要活跃的大海，更需要没有恶势力的春天。

望远镜里，海水在远方泛蓝。近海水面，有"轰隆隆"的声音隐隐传来。那是冰层下的海浪在不停撞击，潮涨潮落，它们整个冬天都没停止冲破冰雪禁锢的努力。

可是，我坐了一天、两天，海裂的奇迹并没有发生。

　　第三天黄昏，我问身边面目沧桑的老渔人："海裂还要等多久？"

　　老人和我一样已连续坐等几天，只是他面色平静，并不着急。听我问话，他指了指天空，让我看散乱的云色。天是浑沌一片的天，似乎在酝酿一场急骤的情绪。

　　"还需一场风呵，从南边刮过来，推波助澜。"老人说完，又去平静地望海。他粗粝的脸上重叠波浪的痕迹，一定是个有经验的老舵手。

　　"还要等几天？"我有些着急。

　　"今夜。"老人肯定地答。

3

　　渔村招待所的土炕烧得滚烫，旅行的人疲倦的心舒服熨帖。南风"呼呼"吹窗，我仍然睡得格外沉实。

　　梦里边，我隐隐听见"轰轰隆隆"的闷响，伴着"嘎嘎"的怪啸，像火车在枕边轧过，又似什么巨物被砸碎的声音。梦境恍惚，努力睁开倦怠的双眼，看见月光斜在枕边，朦胧一片。我顿然醒悟，那声响肯定来自海上，赶忙起身，裹起军大衣直奔海边而去。

高坡上已经站着一个人，就是白天那个老渔人。

昨晚混沌的天空已被劲风刮得干干净净，西倾的大月明洁透彻。月光晃在冰面，烁烁地闪动银光。我凑到老渔人身边，擎起望远镜望海。

震颤的海浪已离岸很近，海浪在高高涌起，重重地跌下。冰块互相撞击，发出"轰轰隆隆"的巨响。再加上风的推助，近海凝成一体的冰层发出裂纹的"嘎啦啦"声，被憋闷一个冬天的海水四下突围，欢快地从裂缝中喷出来，借助大潮的威势压过来，以身体去淹没水，以热情去融化冰。那岂是单纯的突围？分明是一场冲锋。冰块不时被巨大的力量举起，重重地砸向连成一体的冰层，晶莹碎片四外迸溅。大海在颤动，大地在颤动。浪奔浪涌，势如破竹，寒冷的势力步步倒退。海浪冲撞，宛若席卷而来万千铁骑，虎虎生威，摧枯拉朽，气贯长虹。

站在岸边，我只有惊叹。此时，我真正理解了那位和我不同国籍的诗人的名言："冬天来了，春天还会远吗？"只有经历了冬天寒冷的人，才更不屑于压迫与禁锢，才更相信春天温暖的力量。

老渔人仍然保持白天一样的平静。雷霆般的海裂声以震撼的力量逼近海岸，他不为所动，默默地站立在那里，像一尊塑像。经历了几十年的巨浪凶涛，他体验过各种搏击的快感，这海裂的声音，已经不能让他觉得震撼了。他一定比我更理解，那些碎裂的坚冰，终会还原为水，化成推送渔汛的阵阵春潮。

我依傍在老渔人身边，渐渐平抚自己激动的心情，听着这宣告一个季节结束的海裂声，看着圆圆大月缓缓向山海关上的古长城沉落，望着东方海域浮现出的鲜红彩霞。

新季的太阳即将升起，照耀着千万乘帆篷，出海弄潮……

冰海春潮

蚂蚁唱歌

| 老臣 |

1

那天渤海辽东湾的菊花岛刚刚经历了一场风暴的洗劫。

我们并不知道风暴是如何在海岛上撒野的，因为风暴的怪手开始撕毁海岛时，是半夜 12 点多钟，正是我们沉入梦乡的时间。它长长的尾巴收起时是凌晨 4 点多钟，那会儿我们还没有醒来呢。

我们聚集到海岛东南的海滩时，太阳已从空旷的海面上跃身而起。风暴去得干净利落，天空连云丝也没有剩下，只是海岛上狼藉一片。南坡上的槐树林破烂不堪，残枝断叶撒了一地。几根桅杆般粗的大树竟然被刮歪了身体。沙滩上丢落着死鱼烂虾与破烂的水草，几只螃蟹在远处的沙坑里奋力攀爬，想重新回到大海里去。

狼崽强壮的身体站在一块形状像老虎的礁石上。他望着太阳升起的地方，自言自语："船队，船队，应该回来了，应该回来了。"

我们全往远海去望。我们多么希望太阳煮红的海水那边，突然展开一片船影，那是我们的爷爷、爸爸、叔叔，还有我们的兄长们，还有无数远亲近邻的男人们组成的船队。

无数海鸥在天空中飞翔，它们似乎在搞捕食比赛，轮番向海中俯冲，争相掠起大大小小的鱼儿。它们对海岛上伫望的我们一群少年人视而不见。

海鸥，你们知道我们海岛的船队已和家里失去联系一周了吗？海岛上的十几部手机日夜开机，海岛上的电台日夜呼叫，就是想知道去黄海打鱼的亲人们的消息。

可是，日头已跃上半空了，海面还是空阔的一片瓦蓝。没有风，站在岸上的我们张望得眼睛酸痛，身体也有些疲惫不堪。

"嘿，玩蚂蚁吧！"狼崽大叫一声。他从老虎礁上跳下来，猫下腰寻找，从灰色的礁石上发现了一长队的蚂蚁。

那些蚂蚁足有半寸长，大头，细腰，个个长着蟹钳一样的大嘴巴。老人们说，海岛上以前只有细瘦的褐色土蚂蚁。有一年船队去南方捕鱼时停泊在一座荒岛上，船队归来时，海岛上跟来了这群不速之客。它们反客为主，很快占领全岛，把褐色蚂蚁打得搬离家园，从而成为了海岛上新的居民。

狼崽的黑手去捉一只长出了翅膀的母蚁。那家伙在狼崽儿凹形的手掌里突围、挣扎。突然，蟹嘴张大，一下子咬住了狼崽指缝的软肉。

"嘿，你个家伙！"狼崽儿咧了下嘴，啮出突兀的一颗小牙，另一只手狠狠地捏住了蚂蚁。蚂蚁的身体和翅膀被揪了下来，头却依然死咬住狼崽的指缝。

"消灭它们！"狼崽大叫一声。我们全从裤衩里掏出高压水枪。

狼崽一声令下："射击！"十几支高压水枪一齐

喷射起来。蚁群的队形被打乱了，在尿液中狼狈逃窜。海岛上立刻响起了我们开心放肆的笑声。

"停！"狼崽儿突然大喊了一声。

我们的笑声立刻止住，全都去看狼崽儿。他的黑脸冷峻而怪异。他虽然和我们同龄，可是他长得胖又高大，足足比我们高出半个头来。他脸上出现怪异表情时，常常是一场恶做剧的开始。

果然，狼崽儿说出了让我们发抖的话来。

"你们听，蚂蚁在唱歌！"

我们看看狼崽儿，又相互望望，再去看老虎礁上乱成一团的蚁群，谁也不敢吭气。

"伴儿，你说，蚂蚁会唱歌吗？"狼崽儿指着我们中间一个细瘦的男孩儿，高声问。

"蚂蚁唱歌？你说会就会嘛！"伴儿往我们身后躲，他回避着狼崽儿刀子一样的目光。是的，每次都差不多一样，狼崽儿盯住谁，谁就会有一场难堪了。

"哈哈哈哈。"狼崽不去看我们，也不去看正在整理队形的蚂蚁，而是望着海鸥飞越的蓝色大海和蓝色的天空，留给我们一扇宽厚的背影。

"蚂蚁是不会唱歌的！"狼崽突然回过头来肯定

地说。

"是呀，蚂蚁怎么会唱歌呢？"我们全松了一口气，随声附和着。

"伴儿，你说，蚂蚁本来不会唱歌，可你为什么说它们会唱歌？还说是我说蚂蚁会唱歌的！你怎么和你爸爸一样？船长怎么说，他就怎么应和。你爸爸要不是拍船长马屁，船队会有这次远行吗？"狼崽儿转过身来，拨开人群，一步步逼近了伴儿。

"是呀，蚂蚁怎么会唱歌呢？"我们都对伴儿发出了轻蔑的质问。

但奇怪的是细瘦的伴儿并没有躲闪狼崽的目光，而是迎刃而上，同样盯着狼崽儿的眼睛。我们知道，海滩上即将展开一场恶斗。结局已经被无数次证明，伴儿不会逃走，而是冲上去，被狼崽一次次摔倒，又一次次爬起来，屡败屡战。

可是，就在狼崽逼近伴儿的时候，忽然站住了，他冲着兴灾乐祸的我们吼叫了起来："我说蚂蚁会唱歌，就是会唱歌！"

我们全愣住了。狼崽儿又要发什么疯呢？

那会儿，海浪轻轻的，海鸥的叫声变得格外响亮起来。

2

海滩上，一场游戏就此展开了。

狼崽儿有一会儿脸色变得极其温和。他的目光从我们的脸上掠过，轻声地说："蚂蚁会唱歌，我知道你们没有听过。"

伴儿看着狼崽儿，颤抖着问："狼崽儿，你听过蚂蚁唱歌吗？"

"我以前没有听过。但是，我很快就会听见蚂蚁唱歌的。"狼崽不怀好意地坏笑起来。

他开始一个个地望着我们。我们的表情非常相似，狼崽儿目光扫过之时，我们差不多都以同样讨好的目光去看他，直到他的目光挪到别的孩子的脸上，每个人才会舒出一口气来。

"四眼儿，就是你吧！"狼崽儿的目光最后盯牢了一个白白胖胖的男孩儿。他是我们的同学，去年刚从大陆搬迁到我们海岛，他的爸爸是我们的数学老师。

"我，我？"四眼儿愣怔在那里，"为什么是我呢？"他一脸茫然，厚厚的眼镜片在阳光下一闪一闪。

"嘿嘿，不为什么。你从大陆来，见多识广，应该听到过蚂蚁唱歌的！"狼崽儿恶狠狠地说道。

四眼儿往后退了几步，突然撒腿就跑。不用狼崽儿指示，我们从三面去围追四眼儿，成扇形包围，把他往海水里逼。四眼儿是旱鸭子，一进海水中他就会浑身瘫软的。

果然，四眼儿在临近海水时站住了，任凭我们把他推搡到狼崽儿的面前。

"嘿嘿，你躺下吧！"狼崽轻轻一绊，四眼儿就倒在了柔软的海滩上。

"让他听听蚂蚁是如何唱歌的，好让他去给他老爸打小报告！"狼崽儿从老虎礁上抓起一只蟹嘴蚂蚁，是瘦小一些的工蚁。他一把掀开四眼的肚皮。一片白光，四眼儿的白肚皮好晃眼。狼崽儿用手指去捅白肚皮上的肚脐眼儿。谁知，黑手指一触上四眼儿的皮肤，四眼儿突然"嘎嘎"地大笑起来："痒死我了，痒死我了！"

"快，摁住他！"狼崽儿喊。

我们七手八脚地去摁四眼儿的手脚。

四眼儿笑着，在沙滩上打滚儿。滚了一会儿，他的笑声突然变成了一声悲愤的长嗥："你们欺负人！你们欺负大陆人！"

"停！"狼崽儿叫了一声。

"你说什么？我们欺负人？"狼崽儿叫。

四眼儿趁我们放松的时机一骨碌坐了起来，吼："是的，你们没去过大城市，眼里只有这座小岛！你们欺负比你们见识多的人！"

"哼哼，谁让你总给你爸打小报告？就是应该让你听出蚂蚁唱歌！"狼崽儿又一次逼近了四眼儿。

"有胆量，你们就让他听蚂蚁唱歌！"四眼儿忽然身体一转，手向远处的海滩指去。

海滩上，一个孤独的人影向我们这个方向走来。他似乎不是冲着我们来的，而是走走停停，不断地回望自己在平坦的沙滩上留下的脚印。我们都认识他，他叫扁脸，比我们大四五岁，早就小学毕业去大陆读初中了。但不知什么原因，他读了几个月就回了海岛，每天游手好闲，经常打劫单个的外地游客，或者拦截我们这些比他小的孩子，从我们的书包里搜走不多的零花钱。

"你们是胆小鬼！"四眼儿使出激将法，"你们就是害怕扁脸！"

"我要你好好听着，蚂蚁是怎么唱歌的！"狼崽儿踢了四眼儿一脚，大步向扁脸走去。我们没有犹豫，都跟在高大的狼崽儿后面。

海滩上的细沙被我们踩得凌乱了。

3

扁脸被绊倒时，一脸莫明其妙的表情。

他的身体躺在潮湿柔软的沙滩上，白汗衫被我们东一把西一把地掀开，两只手臂被两个人摁着，两条大腿上也各压着两个人。他开始时还挣扎了几下。但很快就明白挣扎是徒劳的，身体便软了下来，像一条停止在沙滩上挣扎的巨大青鱼。

"你们要干什么？"扁脸一张嘴巴，露出了牙齿上粘着的虾皮。他似乎还想恐吓我们哪个，但直射的阳光晃得他睁不开眼睛。当他明白妥协才是唯一出路时，口气忽然变得诌媚起来："别呀，都是菊花岛的乡亲，别伤了和气呀。以前，以前，我是逗你们玩儿呢。"

"我们不干什么，就是想让你听听蚂蚁唱歌。"狼崽儿没有去碰扁脸的身体，而是坐在他的头前，洋洋得意地看着那张粘着细沙，还怪模怪样地贴着几片海藻叶的扁脸。

"哈哈，我们从今以后叫他阿扁好不好？"伴儿叫了一声。我们全跟着叫好。

"阿扁？你们不能叫我阿扁！"扁脸哭丧着脸道。

"你回答，蚂蚁会唱歌吗？要说实话！"狼崽儿恶狠狠问。

"说实话？蚂蚁唱歌？蚂蚁当然不会唱歌呀！"被当作阿扁的扁脸说完，赶忙去看狼崽儿的表情。

"你又撒谎？谁说蚂蚁不会唱歌？蚂蚁会唱！我让你听听，蚂蚁的歌声多么美丽动听！"狼崽儿叫。

"快，抓蚂蚁来，要嘴巴大的兵蚁！"狼崽儿喊。伴儿赶忙去捉了两只蚂蚁，用手掌捧了过来。

扁脸的黑肚皮油光光的，肚脐眼儿在平坦的小腹上像一个深凹的洞穴。

　　狼崽儿接过蚂蚁，凹着手掌，看着它们在掌心里力图突围的狠劲儿，不慌不忙地问我们道："我出个谜面，你们回答。"他顿了顿道："墙上挂酒盅，够你猜一冬。打人体一器官。"

　　我们全笑了，连被当作阿扁的扁脸都笑了。"哈哈，是肚脐眼儿呀！这连鼻涕娃都知道。"这个谜早在我们是幼儿时，奶奶姥姥们就教过了。

　　等两只蚂蚁突围不成，恼羞成怒之时，突然，狼崽儿把巴掌扣向了扁脸黑肚皮上的洞穴，那个凹进去的肚脐眼儿。

　　"妈呀！妈呀！"扁脸突然发出两声尖利的怪叫。

　　两只已焦躁愤怒的蟹嘴蚂蚁爬不出洞穴，便在肚脐眼儿里撕咬开来。扁脸的惨叫声在空旷的海滩上十分瘆人。几只海鸥歪斜了几下翅膀，掠身飞远飞高了。

　　扁脸挣扎着，壮大的他比青鱼力气大多了，但挣扎时腹肌运动剧烈，刺激得肚脐眼儿里的蚂蚁撕咬得更加用力。

　　"妈呀！妈呀！妈妈呀！"扁脸不断地惨叫着。

　　"停！"狼崽儿叫一声，他突然把手移开。两只蚂蚁发现光亮，仍然不放口，身体挣扎着，还在奋力叮咬扁脸的肚脐眼儿。

两只蚂蚁被狼崽儿快速地揪了出来，手指一用力，捏成了黑色的碎沫。但有一只蚂蚁的头已经叮留在肚脐的肉里，扁脸浑身湿漉漉的，大口大口地喘气。

"蚂蚁唱歌动听吗？"狼崽儿问。

"动听！"我们大声回答。

"再听一次好不好？"狼崽又问。

"好！"我们又齐声回答。

"请蚁王来！"狼崽叫。

"是！"伴儿大声应，又要跑去老虎礁去捉蚂蚁。

"呜呜，呜呜呜……"忽然。扁脸放声大哭起来。

"停！"狼崽儿叫。

扁脸一脸肮脏的表情。鼻涕、沙粒，贝壳的碎片，海藻叶，把他的扁脸描绘得丑陋不堪.

"蚂蚁会唱歌吗？阿扁！"狼崽儿喝问。

"蚂蚁会唱歌吗？阿扁！"我们齐声喝问。

"会，会！"扁脸连声应答。

"你再敢欺负同学，就让你学蚂蚁唱歌！"狼崽儿叫。

"让你学蚂蚁唱歌！"我们齐声吼。

"不敢啦，不敢啦！"扁脸用力拨浪着头应。

"放开他吧！"狼崽儿叫。

"一二，放！"我们放开了紧紧摁住的扁脸的手和腿。

扁脸摇摇晃晃站起来，看都没敢看我们，拨起脚来，仓皇地往村庄里跑去。他的身后响起我们报复得胜后的捧腹大笑声。

4

船队是在风暴过后的第三天完整地回到海岛的。

海岛上的节日来到了。十几艘巨大的铁壳机船一溜排开，把海岛北面小小的码头挤得窄窄的。

那天，暑假中无所事事的我们全都和家人拥到码头上，去迎接已远行50多天的亲人们的归来。那时，我们那一群玩伴儿都只顾陪着家里人欢笑，都没有顾及我们的头儿——狼崽儿。

狼崽儿的爹是被人用担架从渔船上抬上码头的。

他受了重伤。原来，船队赶上了渔汛，在黄海的一个海鲜码头卸下沉甸甸的满船收获时，遇上了当地的渔霸。高大得像一座铁塔一样的狼崽儿爹上岸与渔霸动手较量时，被铁棍打断了两条小腿。虽然渔霸被警察抓住，还赔偿了他的医疗费，但狼崽儿爹的双腿却再也站不稳船板了。

对狼崽儿爹的各种毁誉也随着船队一同回到了海岛。最可怕的说法是：狼崽儿爹没有必要逞一时之勇，何必在外强出头呢？他自己残废了不说，船队从此没办法再在那个码头卖货了，因为坏人总是有的，怎么能抓得完呢？鱼还是捕了这茬又生出那茬呢。

狼崽儿在道听途说的议论声中沉默了下来。虽然那年他只有 12 周岁，但已经有 1.7 米的身高，70 公斤重了。从后边看他就是一个成年人，只是回过头时，才会让你看到一张少年男子的脸。

狼崽儿顶替爹爹出海了，他恰好和扁脸在一条船上。

扁脸自从听过蚂蚁唱歌，好像变了一个人。他不但不再干那些小偷小摸的事，而且变得特别认死理儿，有什么事情都爱较真。他说，他可不想被当成海岛上最能说谎的、没有信用的人。

狼崽儿也不再理睬我们。他每日上船出海，看见我们时也是一副爱理不理的样子。

那年暑假我们小学毕业，都到大陆去读初中了。

有一次放国庆长假，我们晚上搭同一艘客船回海岛时，大家都想起了狼崽儿。

于是，上岸以后，我们没有直接回家，而是守候在码头上等待狼崽儿。

傍晚，秋天的菊花岛海风爽爽，没有夏天的潮湿气味儿。夕阳的余光碎在海水里，大海里好像有无数的金子在闪闪发光。

近海作业的渔船回港了。我们都去迎接狼崽儿。

远远的，两个人背着夕阳走来，像两个黑色的剪影。狼崽儿在前，扁脸在后，两个人个子一边高，步子一样大。扁脸怎么看都像狼崽儿的助手。他可是比狼崽儿大了四五岁的呀。

"狼崽儿，狼崽儿！"我们喊。

狼崽儿不理睬我们。伴儿率先看见了狼崽儿和扁脸提着的鱼篓，里边空空的，只有几只小螃蟹在挣扎。

"狼崽儿，我们放假了，什么时间一起玩呢？"

我们叫。

"你们玩儿吧,我没空儿。"狼崽儿闷声应答。

"阿扁,给我们学学蚂蚁唱歌呀!"我们在狼崽儿那里讨了个无趣,就去调侃扁脸。

可是扁脸也不理睬我们。我们便更大声地喊:"阿扁,阿扁!"

"小屁孩儿们,住口!"突然,狼崽儿回头站住,喝止我们。他一脸恼怒的样子,黄眼珠子瞪着,凶巴巴的。

那一刻,我们明白,狼崽儿不再是孩子王,更不是我们原来的那个的头儿了。

5

第二年夏天,每年一次的风暴又光临了海岛。那时,暑假还差几天就结束了。

紧随风暴而来的是渤海辽东湾的一次小小渔汛。

大陆上的食物被雨水冲进近海,各种海洋中的生物活跃起来。狼崽儿和扁脸的船昼夜忙碌在海上。他们把捕获的海鲜运往最临近的大陆码头，马上就开船驶回大海。一次次地往返，载着渔民特有的喜悦。

下午，我们一群少年人在退潮的海滩捡拾蛤蜊，我们要用它们去换城里读书的饭票。

"船！"四眼儿忽然叫了起来。

"是狼崽儿的船！"伴儿最先认出了站在船头上黑壮的少年。

"正是忙的时候，这时候他回来干什么？不会是出事了吧？走，去迎接他！"不知谁叫了一声。我们一齐往码头跑。

码头上空空荡荡，只停着狼崽儿的一条船。那是旧船，油漆剥落，锈迹斑斑。

狼崽儿背着一个人走上跳板，有风吹过，跳板摇摇摆摆，狼崽儿的步伐有些不稳，但他还是趔趄上岸来。

他背着的是扁脸。扁脸的一条胳臂耷拉着。

狼崽儿是半背半扛着扁脸的。

我们想去帮忙，但狼崽儿一脸拒绝的表情。他光脚从我们身边走过，走向渔村边上贴着红十字的小医院。

"怎么回事呢？"我们望着狼崽儿远去的背影发愣。

6

中午的海滩上不知从哪里冒出许多人来，闹哄哄的。

原来，春天的时候海岛细软的沙滩被电视台的记者发现了，在电视里播出来。青山，碧海，那么美丽诱人。远远近近许多地方的游人慕名而来，海滩上就多了五颜六色的遮阳伞，也多了许多穿游泳衣的人。

这天，狼崽儿把我们召集到老虎礁那里。他穿了一件红色T恤衫，衬托得脸膛油亮亮的。一年多时间过去，他没有长高，只顾横向发展了，更加肩宽背厚。

他面对老虎礁，盯着那群蚂蚁。蚁群似乎又壮大了，它们搬运蟹腿、鱼刺、贝肉，一刻不停，并然有序。

狼崽回过头来，一双发黄的眼睛里，狼崽儿一样的凶光不见了。之所以大家都叫他狼崽儿，就因为他幼儿时看人的眼睛里就常常发出黄绿的光来。

他的黑手又粗又硬，拍了下伴儿的瘦肩，又拍了下四眼儿的大肚皮，突然啮出醒目的门牙来，说道："你们都长大了，呵呵。"他笑了起来。我们都跟着傻傻地笑。

"你们说，蚂蚁会唱歌吗？"狼崽儿扫描着我们的眼睛问道。

"会呀，我们都听过的嘛！"我们起哄。

"其实，蚂蚁不会唱歌的。"狼崽儿说着，回头去看蚁群。

一只大头的巨翅蚁王正在礁石上休闲，不时动动蟹钳样的嘴巴，似乎在回味某种美食。狼崽儿猛然抓起蚁王，自己躺倒在海滩上，撩起T恤衫，把蚁王放到了自己的肚脐眼儿里，用手掌严严地扣住。

"狼崽儿！"我们愣愣地叫他。

蚁王肯定在凶狠地咬他。狼崽儿却眉头都不皱一下，说："蚂蚁不会唱歌的。你们听见它唱歌了吗？"

"狼崽儿，你这是干什么呀？"四眼叫。

"蚂蚁咬我，我没叫，更不会哭。蚂蚁咬扁脸，扁脸叫，还哭。"狼崽儿说。

我们不知道该如何回答，都愣怔起来。

"你们是不是瞧不起扁脸？"狼崽儿又问。

"狼崽儿，你何必呢？"我们凑近他，想去搬他的大手。

可是，不用我们去搬，狼崽儿自己挪开手。肚脐眼儿里的蚁王正抖动翅膀，头扎进肚脐眼儿里，埋头撕咬。

"去吧，你！"狼崽儿在肚皮上拍一下，蚁王飞走了。

狼崽儿站起来，抖抖粘在身上的细沙，用温和的语气说："我不会学蚂蚁唱歌，扁脸会。但我不如扁脸。"说完，他大步走向了码头停泊的渔船。

扁脸的胳臂是在陆地上被欺行霸市的人打伤的。我们不知道细节，狼崽儿不讲，扁脸也不说。但扁脸让狼崽儿佩服。从此我们不再嘲笑扁脸叫"阿扁"。

7

开学时，我们搭乘小客轮从海岛到陆地，不过两个小时的航程。

这一个暑假，我们被海岛上的阳光晒得更黑了，更加突出和城市里的同学不一样的肤色来。这肤色让我们觉得自己更加强壮。

船靠岸时，我们选择的是最后下船。身后，我们的家乡菊花岛已不见踪影，仿佛是茫茫书海中的一个逗号。

"那不是狼崽儿吗？"伴儿尖叫一声。

人群中，一个壮硕结实的背影，提着两个硕大的旅行包，正行走在匆匆的人流中。

真的是狼崽儿！

"狼崽儿！狼崽儿！"我们大声喊。

许多人回头看船舷边的我们这些海岛少年。但那个熟悉的身影只停顿了一下，就毅然向前走去。

他身边许多打工者的身影在晃动。大家的装束都差不多一样。

一步一步，狼崽儿消失在茫茫的人流中。

从此，我们再也没见到狼崽儿。

如果你在哪里遇见一个黑脸膛黄眼睛的少年，肩宽背厚，开口时会啮出一颗门牙，他就是狼崽儿；如果在哪个工地遇见一个长着一张孩子脸的壮硕少年，他也可能是狼崽儿。

2009 年的狼崽儿和我们一般大，14 岁，他应该是童工，请你们一定多多照顾他。

如果你欺负他，我们会让你知道，什么叫蚂蚁唱歌……

蚂蚁唱歌

窗外是海

| 老 臣 |

小窗的外面，就是那片大海。

阳光不知啥时候从那面巴掌大的菱形玻璃上挪开，屋里的光线黯淡下来，窗外却仍然是明亮的。太阳正在傍晚的天空上照耀，没有风，阳光少有的平静宁和。

波儿倚在窗台上，窄窄的脸颊紧紧贴着窗玻璃。早晨，太阳乍然将大海染亮的那会儿，他就以这样的姿势望海。

窗玻璃太小了。打波儿记事时起，这座小屋就是这副样子。窗框老旧，木头干燥粗糙，窗纸糊了无数层。那是些杂七杂八的纸：牛皮纸，报纸，还有小学二年级的课本。那课本是波儿读过的。他只读了二年级。有啥办法呢？小屋离学校太远了。波儿实在讨厌十几里的干硬旱路。在上面一个人孤伶伶走着，干燥的黄土，不平的路面，让波儿觉得疲倦与遥遥无望。爷爷知道波儿是在船上长大的，说："波儿，跟爷爷出海吧！"波儿便把刚学了一半儿的课本书钉起下，把书页抖散开。天冷风吹，爷爷正愁没有窗纸呢。

原来，小窗上是没有这块玻璃的。不透明的房间真憋闷。有风的天气，涨潮的大海翻沸咆哮，鸥鸟们在窗外"欧欧"乱叫，外面的世界多热闹啊！波儿便用爷爷补网的梭子在窗上扎出一个个小洞。小洞太小了，看到的只是海的局部。只一个小眼儿，怎会把海看透呢？小屋太需要一面透明窗子啦。那天，波儿和爷爷去镇上卖鱼。在镇医院的垃圾堆上，波儿看见一块耀眼的小太阳，一闪一闪，波儿黑黑的眼睛给照亮了。他撇下爷爷，从一堆药瓶、绷带里，捡起了那块发光的东西———一块畸形的透明玻璃。回到家里，他麻利地把窗上的梭眼捅大，让阳光"哗"地一下子透进来。剪刀嚓嚓，把乱糟糟不知糊了多少层的纸剪成菱形，小心地把那块小玻璃往洞口上一贴。嘿，正合适。从此，

每个晴天，小屋里都会和外面一样拥有属于自己的那份明亮和暖意。

可那块小窗镜实在太小了。

波儿的脸窄窄的。窄窄的脸上，一双眼睛竟不能同时向外望，因为小小窗玻璃实在宽不过两眼的距离，这挺令波儿遗憾。不过，这没什么，波儿索性用一只眼睛望海。左眼累了，用右眼，两只眼睛轮班守望。

这一片小小的透明，已经挺让波儿知足了。

窗外，大海正是落潮的时候。

冬天来啦，落潮的海滩上静悄悄的。没有人，连鸟儿都没有。只有一片片残落的水迹，在阳光下闪闪发光，像一块块碎玻璃碴儿。贴岸的地方，早已结冰了。涨潮的海水汹涌激荡，可翻滚沸腾的海水，也无奈严冬的坚冰。波儿有记忆的时候，冬天的海岸就是如此坚硬冰冷。

透过小窗，波儿的左眼看到遥远处有片晃眼的白，那就是没有被封冻的海水。

海永远是激荡的。波儿喜欢和爷爷驾着家里唯一的舢板去浪尖上颠簸。

爷爷是个干瘪的老头子。夏天，他只穿一条油腻腻的短裤，光赤的膀子耷拉拉的，黑皮松弛，皱褶里突兀地存在着一块块青黑苍紫的老人斑。可爷爷的骨头却厚实宽大。十来斤的青鱼网上船时，噼啪乱蹦，爷爷用手轻轻一拍，那鱼就在老旧的舱板上硬挺了。

入冬的风辣辣地刮起时，爷爷便穿上光板老羊皮袄。白色的羊毛早变成油腻的黑色。爷爷照旧赤着干瘪的胸膛，卷卷的羊毛拂着他干瘪的老皮。爷爷没有知觉。几十年风拍浪打，任什么样的撩拨也唤不起爷爷痒痒的感觉啦。每次出海，爷爷都苍老地坐在前舱板上。舱板和爷爷一样黢黑的颜色。自打有了爷爷，就有了这条老船。爷爷双手拄在舱板上，像一柄生锈的老锚，五爪仿佛深深探进木头里。大浪小浪，在船舷边哗哗地涌过，爷爷没有感觉。海水永远是新鲜的、活跃的，而人不是，爷爷就在风浪里变得老迈了。

波儿摇动双桨。他用不着去问爷爷方向。爷爷干枯的身躯在前面耸立，波儿只需看着他的后脑勺。那里有一块硬硬的骨头突起，青葱的头发早就跌落在岁月的浪谷里。波儿愿意看着爷爷形状不规则的脑袋。爷爷的脑袋就是波儿的罗盘，爷爷脸的朝向，就是波儿要去的地方。

爷爷从不在水上多话。他就那样沉默着，随着古老的桨声一响一响，载他去有渔汛的地方。

冷不丁的，爷爷会站起来大喊大叫。爷爷的喊叫声莫名其妙：

哎——

那海哟，

真大哟！

爷爷的胸膛会如涨满气体一样乍然鼓起，喊声在浪涛里化尽前，爷爷早已恢复了原来的模样：坐在前舱，左看，像一柄生了锈的老锚；右看，也像一柄生了锈的老锚。

哦，那喊声里，波儿会感觉到莫名的兴奋。爷爷不是一具没有活力的肉体，而是一个和大海一样洋溢着热情的生命！

小窗外，阳光正一点点黯淡下去。

海滩上静静的，波儿的右眼望见遥远的海面上，有一个个黑点儿，那是歇下的渔船。别看那渔船窄小，哪一艘不负载着希望？许多年前，海面上尽是些老旧的木舢板。一天天，愣头愣脑的木舢板少了，一条条"突突"的机船遮满海面。海太大了，陆地上的人都来赶海，各种型号的网都来捞海，海并没有变窄。但是海又实在大得有限，海里的生物在网眼里越变越小，人们的贪婪让海一天天变瘦了。

爷爷撒网的动作十分洒脱。他从舱板上立起的时候，如一根七歪八扭的榆木桅杆。旋子网在凛冽的冬风里结满冰碴。爷爷干枯的手臂乍然抖动，哗哗啦啦，网上的晶体纷纷跌落，如贝壳，似珠玑。爷爷大喊一声："着！"网飞旋而出，张开圆圆的大口，扑入海里。爷爷牵着网，让网在水中一点点收拢。提上船时，却没有一条欢蹦乱跳的尺把长的青鱼，只有几根指头粗细的鱼秧子。爷爷捡起来，把它们投入海里。他抖抖精神，伴着喊声，又把一个漂亮的旋子网投入海里。可是，提上来的，还是空空荡荡。

网上的水滴在舱板上结冰。投了十几网，爷爷有些气喘。再投网时，他明显有些力不从心。羊皮袄在爷爷投下又一个旋子网时，挣开膀，如一只欲飞的黑鸟。爷爷脚下一滑，一个趔趄，险些跌入海里。他伏在船沿上，大声地咳起来，好半天，才把一颗圆圆的痰粒唾向海里。很久，他才艰难地起身，骨节突棱的大手拽起网纲，哗啦啦的旋子网出水时，仍然只有几条蹦跳的鱼秧子。

爷爷颓然跌在舱板上，混浊的眼睛望着远远近近起伏跌宕的海浪，叹息了一声，回过头，问波儿："孙儿，爷爷真的老了吗？"

"你不老，爷爷。"

"唉！"爷爷叹了一声，"眼睛花的看不见海鸥的眼珠了，耳朵也听不见鱼摆翅的声音啦。"

爷爷的腰陡然弓弯了许多。

波儿放开船桨，任凭老船在浪波上起伏跌宕。

爷爷陡然喊了起来：

哎——

那海哟，

真大哟，大哟！

那嘶喊，凄厉而沉痛，充满绝望与悲壮的味道。

爷爷的确是老了。入冬以来，爷爷很少再出海。每天，他躲在这座远离村庄的小屋里，在波儿常坐的地方发呆。昏花的老眼望向窗外。窗外是海，潮涨潮落，爷爷一整天一整天地望着，嘴里叨咕着什么。波儿怕爷爷生病，每天都把土炕烧得煎皮烙肉的。爷爷干枯的身子在热炕上烙得舒舒服服的，夜里常常哼哼呀呀地唱起渔歌来。

那天，也是一个黄昏，爷爷把眼睛从窗上挪开，久久地看着波儿，老眼里闪烁着只有狸猫才有的光。

爷爷道："波儿，你大了。"

波儿忙着点头应答。

"你大了，爷爷就放心了。"爷爷叹息着，又去望海。

那时刻，阳光下的海水和近岸的海冰亮晃晃地连成一片。远处人家的船都拢岸了，海滩上变得拥拥挤挤的。

爷爷回头，道："波儿，人吃海，海吃人。你爹让海吃了，你也吃海长大了。你爷爷我吃海一辈子，最后还得去喂海。"停了停，又道："孙儿，那年，爷爷错了，不该不让你念书。"

念书？多遥远的事儿啊！十六岁的波儿恍惚记得那间坐过两年的教室，也是座老房子，没有玻璃。镇上那年月只有医院有玻璃窗子。为了挽救生命，镇上新盖了医院；学校却是座老式的旧屋，没人在乎。昏糊糊的黑板前，老师，那个头发白白的女老师，张着瘪瘪的嘴教他们读 ABCD。

爷爷的眼睛去看窗上的纸，那上面是波儿读过的课本。那已经陈旧的纸页，几年来为爷爷和波儿遮风挡雨，也挡住了他们遥看外界的视线。

"爷爷这辈子啊——"爷爷叹了一声，哼哼叽叽地唱起来。

那海哟，

真大哟……

这声音长久地在波儿耳边回荡。

波儿的左眼望着海滩。

爷爷就是在那片海滩上消失的。

那天，爷爷穿了老羊皮袄，摇摇晃晃出了小屋。他不让波儿跟随，而是自己去了海边。天冷了，船冻在海边。爷爷用桨敲敲打打，船身活动了，爷爷索性赤着脚下水，推着船，向海水深处走去。一边走，一边唱唱咧咧。冰块在水中忽忽涌涌，冲撞着爷爷的腿肚子。薄冰锋快，可爷爷的老皮老肉是割不出血的。

"爷爷——"波儿喊。

爷爷已爬上了船。

"爷爷——"波儿声音更大。

爷爷陡然回转身，吼："滚回去！"那声音竟然仍旧宏亮。

波儿就定在岸边，望着爷爷在海面上漂动。

"孙儿，枕头里，是爷爷给你攒的钱！"爷爷喊罢，船儿加速向远海划去。好久之后，爷爷和黑色的老船融化成一个黑黑的影子。

波儿就那么呆呆地望着，望着那个黑影逐渐变小，变小，最后消失在茫茫大海中。他知道，爷爷再不会回来了，他去大海深处去和远逝的亲人们相会了。

"钱，枕头里是钱？"波儿脑子里木木地回响着爷爷的叮咛。

爷爷的确给波儿留了一枕头钱。腌腌臜臜的角票，把一只黑油油的枕头挣得鼓胀胀。那枕头，此刻就在波儿身下。

夜幕已悄悄地落下。海开始涨潮。波儿隐约听见海浪奔腾的声音。

波儿透过朦胧的夜幕，固执地望着海面。爷爷怎会不回来呢？亲爱的爷爷！

爷爷出海前，刮顺风，十里外的码头上，大喇叭播放大风警报的声音十分真切。爷爷支棱着耳朵听。他就是要选在大风将来的时候下海。波儿知道，爷爷是想再和风浪搏斗一次，不，是嬉耍一次。可爷爷已不是年轻的爷爷，船也是条糟朽的老船。可怎能拦住爷爷呢？人一旦选择了自己的目标，被别人改变方向比他自己走错路更痛苦。波儿不让爷爷出海，可他知道，自己拦不住爷爷的。

爷爷出海那天夜里，大风几乎把大海掀个底朝天，爷爷和老船只会面临同样的命运。

波儿想，爷爷在老船被拍碎的那会儿，肯定在痛痛快快地唱。是的，他就要去大海深处去和他远逝的亲人们相会了，那里有波儿的爸爸，有爷爷的爸爸，还有爷爷的爷爷。

这应该是爷爷最满意的结局。

可波儿拗不过自己，他不愿意接受这样的结局。从此，他就开始了海边的等待，开始了窗边的守望，他怎能不等待亲爱的爷爷呢？

夜的网撒下来。浩大的海与小小的老屋同时融化在黑暗里，那块巴掌大的菱形玻璃，在星光下烁烁地闪动，如一颗不眠的瞳孔。

后来，那座小屋空了。

波儿在窗前没有等回黑色的老人和老船，他放弃了寻望。在一个早晨，他走出小屋，在海边消失了，连同那只装钱的枕头。

窗外的大海对此并不在意。潮涨潮落，生生息息，它仍然以自己的规则汹涌波荡。

只有小屋那块窗玻璃，总在望海，如一只永远睁着的眼睛。

可是，那只眼睛，会把那么大的海读懂吗？

窗 外 是 海

散

文。

海鸥飞翔

| 陈 馨 |

　　喜欢海，喜欢海的广阔和包容，更喜欢海上的精灵——海鸥。

　　常去海边，看海鸥舞蹈，听他们鸣唱，看他们嬉戏、飞翔，享受视觉和听觉的盛宴。清晨，漫步海滩，海鸥低空盘旋，轻轻落在沙滩上找寻食物，小巧的爪子迅速交替跳跃。远看，看不清小爪子的细微样子，只看到它们小小身体轻快地移动，像是浮在水面上飘过去一样。

　　冬天来临时，便有成群的海鸥飞来近海避寒，在港口码头找吃食，顺便清理那里的污淖，这些不计报酬的小家伙，是响当当的海上义务清洁工。每经过海边，都要向它们投去一分友好敬意，感谢它们让海面更加洁净。

海鸥爱集体活动，爱与大海一起唱歌、嬉戏。靠近大海岸边的日子，它们自然地分成几组，这边一片，那边一片，点缀海面，点缀沙滩。

岸边，礁石参差错落，海鸥在礁石上落脚，站得高高低低，一个自然排列的小合唱团就要开唱了！大海的涛声奏响前奏，海浪轻轻拍击礁石打出节拍，海风吹拂，遇见海岸便奏出鸣响。小海螺吸附在礁石上，遇到海水抚摸，发出轻微的"吱吱"声，沙滩上的流沙、贝壳随水流唰唰响。大海的交响乐轻柔舒缓，小合唱团聆听着陶醉了，动情地"欧呀、欧呀……"唱出优美和声。

大海是小合唱团的灵感来源又是总指挥。小合唱团在大海的怀抱中自得其乐，无师自通地唱响它们自己心中的歌，组成和谐乐章。

沙滩上，另一群海鸥在用橘黄色的小嘴啄脖子上的羽毛，尖嘴在身上蹭蹭，再啄啄、再蹭蹭，走到有海水的地方，抖一抖，嘴往水里轻轻一点，回头再啄蹭一番。相互对看一下，让对方当自己的参谋，迎着太阳望望远方的海，抖擞抖擞精神；迎风吹吹稍有零乱的羽毛，理顺。面朝大海梳洗打扮，如对镜梳妆。黄黄的嘴巴，白白细羽的脖颈，灰白身体，尾巴尖上恰当的一抹黑，多么典雅的装束。小小的桔红色爪子，轻轻点跳、弹跳，把沙滩当成了大舞台，自由跳出轻盈又有节奏的舞蹈，跳一曲海之恋，鸥之情。

舞蹈！是为交响乐，是为合唱团？一场盛大的文艺汇演正在紧张筹备中。

瞧！一只小海鸟。走几步就蹦一下，独自漫步。怎么会单独行动呢？想是看中了这场文艺演出，也来凑个热闹吧？它看起来小得像只小麻雀，瘦小的身子不是很讨人喜欢，但海鸥们没有把它当外人嫌弃它，反倒把它夹在中间，热情欢迎，让它成为独特的领舞。小海鸟被这番热情感染，投入地舞起来，把它的舞技尽情展现。岸上站满了人，都在欣赏这没有编导，浑然天成的和谐之舞。

海面上，成群的海鸥星罗棋布，一会儿扎个猛子，一会儿潜一下水，有一对远离了鸥群，潜水嬉戏，双宿双飞很甜蜜。多数海鸥安静地漂在那，享受阳光海风，小小的头偶尔抖动一下。忽而又展翅高飞，一只飞起来，两只开始扇动翅膀，紧接着一群开始起飞，盘旋、鸣叫！张开的翅膀让人看到了它更优美的舞姿。白白的肚皮，一会翻转过来，灰白的翅膀又迎面而来，待你抬头看时，它已展翅回旋到海的上空。

多美啊！这海上的精灵，与海绘成一幅幅精美的图画，常叫人留恋海边。

偶然看到电视上在讲海鸥的故事。刚刚孵出的小海鸥像小鸡，一破壳就迈动小脚丫。海鸥妈妈孵了三个宝贝，有两个宝贝很强壮，抢着吃东西，最小的小海鸥常挨饿。没办法，为了吃饱，小海鸥悲伤又坚强地离家出走，去寻找一个能让她吃饱吃好的家。她走到了别人家，已经有三个宝贝的海鸥妈妈收留了她，让她和自己的孩子一起分享食物。小海鸥在另一个新家里，生活得很好，健康成长。

真让人忍俊不禁，小海鸥还会离家出走，还有家会收养它。原来，海鸥群中有收养制度。大海鸥有义务收养漂泊的孩子，这是海鸥祖祖辈辈留下的传统。

怪不得孤独的小海鸥会融入其中，像一位出色的领舞，怪不得海鸥总是群起飞翔，怪不得海鸥可以离人这么近，它们可以在海边人们铺设的六棱地砖上蹦跳，可以跳上堤坝护栏的柱子，遥看海面。所有的疑问都找到答案，原来，它们有像人一样的充满情义的古老传统。

在海边居住多年，从没有看到有人捕杀海鸥。渔民说，海鸥是渔民的吉祥鸟，随船而行，保佑他们出海平安，所以没有人会伤害它们，甚至看到海鸥受伤还会给它治疗、包扎再放飞。海鸥在海边可以无所顾忌地散步，轻松游玩，源自人的友好和亲切。

站在海边，阳光慷慨地把自己的光芒铺在海面上。眺望，飞翔！飞翔，眺望！海鸥在海的上空扇动翅膀。无论怎样盘旋，海鸥都不会飞离海的上空，偶尔飞来兴致，在陆地上空，逗留几秒钟便转身海上。他们无限眷恋的，唯有海。

远望，阳光的道道光束始终对着起飞的海鸥，像追光灯一样照耀它们。海风一下下轻抚，把金片吹散合拢，又合拢吹散，在闪闪的光芒里，海鸥展翅高飞！

海鸥不会常憩于岸边，待到春来时，它们会飞向更广阔的天空。它们的天地在大海深处，那里才是它们的飞翔世界。

海的温度

|陈 馨|

初来海边时，雾缭绕着给大海披着面纱，弄得人也睡意朦胧。偶有太阳露面，便兴奋地想在太阳底下站站，晒晒太阳清醒清醒。邻居小弟来喊——赶海去！乐得跳起来，拎上小竹篮就往外跑。

"换件衣服！"妈急急地吆喝。换啥衣服啊，耽误时间。

"太晒了，去海边会晒爆皮儿的。"晒爆皮儿？笑话，曾经大中午漫山遍野地跑，挖野菜，抓蚂蚱，也没见晒爆皮儿。这大海边大雾已晃荡一两天了，闷得人难受，好不容易赶上出太阳，巴不得多晒会儿呢。

晒爆皮儿，真是危言耸听！

把妈的话当耳旁风，穿着无袖的小衫和一条小短裤，挎着小篮就出门了。

大海正退潮，海水迟迟不愿往深处走，我和邻居小妹两双小脚丫在海水里浸着，低头弯腰，翻动水底的碎石，把吸在石底下的小海螺抠下来放进竹篮。大海眯着眼不声不响，却悄悄地聚集阳光，并在风中晃成一面面小镜子，亮得晃眼，像在保护它的子民。眼让镜面晃得发晕，人也累了，提篮细看各种小海螺占满了小篮底，回家！

到家后，篮里的海螺被拨拉来拨拉去，看不够，清水上锅煮了吃，又鲜美得陶醉许久。收获的兴奋劲儿拖得长长的，反倒不累了。只是到晚上，肩膀闹起别扭——红了，又痒又痛，针扎一样。这时才恍然，明白了妈的叮嘱，明白了为什么洗海澡的人喜欢在傍晚前后出行，付出灼伤的代价后，明白了大海的温度。

从此，对大海有了"一朝被蛇咬"的畏惧。凡来海边玩耍的朋友，游泳也好，赶海也罢，皆劝其不可大晌午去海边折腾。偏偏就有如我一样不听劝的，见了海，兴奋地大呼小叫，一猛子扎进去不愿出来了。

盛夏啊，泡在水里多舒服！隔天后，打电话，呻吟声传来，"在家蜕皮呢！"我大笑，责其不听好人言，又安慰其难得被大海刮了鳞片，就当脱胎换骨了吧！

盛夏如此，赶上严冬海上的风小刀样割人脸。就连在冰天雪地里冻惯的东北人，来到海边都连声喊太冷了，要被海风吹成冰了！海风的凛冽竟赛过了零下二三十度的低温。初春，有朋自内地来，千叮万嘱多穿衣，穿冬装来就行。待他们来到海边，仍不免瑟瑟，问："不是说靠海不冷吗？这是春啊还是冬？"到了秋天，别地都已微寒，海边的人还可短衣薄衫，延续夏的温度。这四季的与众不同，都因为海，海水的温度上升慢、下降也慢，寒冷与炎热变换得也慢。

大海，不仅纳百川，还拥抱风、亲吻雨，喜欢和天空顶脑门，爱与太阳抱抱肩。它吸纳万物、包容博大，不容易简单改变。冬天少有结冰时，春天又融风如成刀、冰凉寒彻，夏天一片清凉里却有隐身的灼热，阳光反射成的镜面柔中带刚，赐你一片灼红和痛痒，秋天是慢慢释放的、三季的涵养。不知不觉间树叶便黄了，冬天到了。

因为有海，四季过着慢生活，轮回交替、缓步而行，

滋养着海边人。海边人舒适地感受着不会大起大落的
四季，慢慢懂得了海的温度，爱上了海的温度。

海的温度

玉带滩，独一无二的美

| 陈华清 |

竹筏漂流万泉河后，我们在"万泉河水清又清"的深情乐声中，乘坐"博鳌号"轮船，沿着万泉河前往博鳌玉带滩码头。

博鳌，这地名很特别，按字面意思理解就是鱼又多又大。这里最早是一个"浦"之名，也就是水边或河流入海的地区。到了宋代，成了疍家人居住和繁衍生息之地。

博鳌很小，小到面积不过 31 平方公里，小到只是海南省琼海市一个名不见经传的小镇。21 世纪初，一年一度的"亚洲论坛"选址博鳌镇，作为永久会址所在地。从此，小镇"博鳌"声名大振，闻名遐迩。

中国有副名对联"生意兴隆通四海，财源茂盛达三江"，用"三江"来比喻财富之多。这句话是不是源自于博鳌，无从考究，不过博鳌的确有三江汇入大海：万泉河、九曲江、龙滚河。这源自不同地方的"三江"，各自一路奔流，到了博鳌，就像三个好"朋友"手拉手汇入南海。在南海与"三江"中，大自然又鬼斧神工般留下一条狭长的沙滩半岛，像一条玉带"飘"在河与海中，人们给它一个漂亮的名字，叫"玉带滩"。

博鳌玉带滩这种独特的自然景观，在亚洲地区独一无二，绝无仅有；在世界范围内，只有澳大利亚的黄金海岸和墨西哥的坎昆、美国的迈阿密能和它相媲美。1999 年 6 月，博鳌玉带滩作为"分隔海、河最狭窄的沙滩半岛"，而被认定为"吉尼斯之最"。

据说，当年"亚洲论坛"选址博鳌镇，就是相中这里独特的地理位置。在众多竞争者中，博鳌脱颖而出，独抱"花魁"。从此，改写了这个默默无闻的小镇的历史，改变了博鳌人的命运。现在的博鳌成为旅游胜地，每年来自世界各地的游人不计其数。

从轮船上下来，见到沙滩上到处都是人，差点找不到地方落脚。玉带滩这个"美女"太多人喜欢了。

　　玉带滩的沙子呈橙色，柔软、细小，犹如一粒粒
金沙。抓一把在手里，好像握着我家乡的赤砂糖，绵
软的感觉瞬时充盈心间。走在玉带滩，深一脚，浅一
脚，细碎的沙子顽皮地跳进我的鞋子，咯吱着我的脚。
我坐在沙滩上，脱掉鞋子，倒出沙子，又穿上鞋子，
继续往前走。前面就是南海，我已听到南海的涛声，
我已感受到南海的召唤，我看到欢乐的人群对着南海
忘情地舞蹈。

　　海风裹挟着冬天的寒意，迎面扑来。我的长发被
风撩起，脸被风吹得生疼，心中却装满了金黄色的温暖，
那是玉带滩传递过来的暖意。

　　看到游人几乎都脱下鞋子放在沙滩上，我也干脆
不穿鞋子，卷起裤腿，赤足走在玉带滩，让可爱的沙
子给我按摩，做免费"沙浴"。零距离地享受最贴切
的抚摸。

　　南海就在眼前，烟波淼淼，茫无际涯。波涛一浪
一浪地涌动，前面的波浪在奔跑，后面的波浪在拼命

追赶，发出巨大的"哗哗哗"声，似是千军万马集结。奔跑到岸边的波浪，被堤岸一挡，马上像温驯的女子缓缓往后退。人们从玉带滩上下来，走进海水里，赤足追逐嬉戏。每一阵波浪涌上来，都是一阵惊叫声。知道大海脾气的人，一看波涛扑过来，马上向岸边跑，没被海水打湿，全身干干爽爽；那些不懂得大海的脾气、只顾着玩的人，或是跑得慢的人，被冲上来的浪涛打得晕头转向，全身湿透，被一月的寒风一吻，浑身发抖。

同样是玩海，结果完全不同。只有懂得大海的人，才会玩得更自如啊！

等海水退下去了，又一拨人下到海水中。如此反复，南海边，惊呼声，欢笑声不绝于耳。玉带滩上游人涌动，纷纷在此拍照留念。当地人也来招揽生意，他们拿出用专业相机拍的相片给游客看，极力游说客人使用专业相机拍照。

在玉带滩观海，最惹人注目的是傲然挺立于南海中的黑色岸礁。它距离玉带滩150米左右，由多块巨石垒成，高出海平面数米，方圆20多米。这群气势磅礴，充满英雄气概的巨石群，就是南海奇观"圣公石"。

说它是奇观，并非夸大其词。它奇就奇在恰好处于"三江"出海口，像一个勇士，昂首挺胸地挡在河与海间，长年累月接受两股势力的"掌掴"与"飞腿"。当暴雨如注，洪水暴发，万泉河、龙滚河和九曲江，这三条河流波涛滚滚，气势汹汹，呼啸着，咆哮着冲向大海，而南海也不甘示弱，狠狠地回击。一切你死我活的"龙虎斗"打得天昏地黑，惊心动魄。

夹在河与海两股巨涛中的圣公石，昂首挺胸，岿然不动，笑看它们拼杀，看它们撞出冲天的巨浪，看它们冲得疲惫不堪，看它们翻滚又低鸣。

一方是海与河的搏击，一方是历尽磨难的圣公石；一方是翻腾旋转，咆哮如雷，一方是泰然自若，笑看沧海。这里，我们看到的不仅是大自然的奇观，也看到某种精神向度。

圣公石这种奇观，明朝乐会知县鲁彭称为"天险设"。他在《圣公石捍海》一诗中这样写道："海水疑望渺苍茫，圣石谁教镇海傍。此地由来天险设，更从何处觅金汤。"

这个"天险设"的圣公石可不是一般的礁石，传说它是女娲炼石补天时，不小心掉在南海的黑色岩石。这个传说增添了圣公石的神秘色彩，表达了人们善良的愿望。在我看来，圣公石是慈善的女娲派出镇守南海的"卫士"，它捍卫了南海，它不屈不挠的精神给人以壮美，给人以力量。

我的视线从圣公石又回到玉带滩，向"三江"汇合处走去。

脚踩玉带滩，目视玉带滩，心中涌起无数感叹。她像一个金黄色的飘带，不知飘了多少岁月，飘落在这个碧波荡漾的地方。她是一个睡美人，躺在江海汇合之处，日夜倾听江海合唱。一手拉着滚滚的南海，一手牵着缓缓的万泉河。多少月升月隐的时光，迎接大海浊浪排空的粗犷，享受河水浅唱低吟的柔情。

雄壮与阴柔，成就了玉带滩独一无二的美。

玉带滩，独一无二的美

皮里和他的忠实朋友

| 金 涛 |

    1909 年是北极探险史上最重要的一年，4 月 6 日上午 10 时，美国探险家罗伯特·E·皮里在经历了近一年的航行和艰难的冰上跋涉后，终于到达地球最北端的北极点，实现了三百年来无数航海家、探险家追求的梦想，而为了实现这个目标，皮里本人也花费了一生中最美好的二十年。

    在这个令人激动的历史时刻，有史以来从未有人涉足的北极点的茫茫冰原，升起美国国旗和其他旗帜，皮里和他的冲刺小分队尽情欢呼！这个小分队的成员中，除了皮里和他的黑人助手马特·亨森，其余的 4

位都是爱斯基摩人。爱斯基摩人在人类北极探险中发挥的重要作用，是值得探险史研究者高度关注的。

今天，我们重温罗伯特.E.皮里的经典之作《征服北极点》（陈静译，商务印书馆2017年5月），在我看来，有两点是耐人寻味的。

进军北极点的征程是如此漫长而艰辛，这是今天的人们很难想象的。（这也是为什么我不赞成用"征服"这个傲慢的辞汇形容一切人类与大自然的接触行为。其实人类任何时候都不要狂妄地自夸"征服大自然"的口号，那不过是轻薄无知的狂言。）我们只要回顾一下近几个世纪以来人类的北极探险史，对此就有清醒的认识。

1908年7月6日下午约1点，皮里率领的探险队乘"罗斯福"号从美国纽约码头启航，开始了又一次驶向北方的远航。对于北极探险来说，皮里本人已经不是第一次，他向北极点挺进历经了23年，至于人类的北极探险已经过去了4个世纪！在"罗斯福"号向北方航行的旅途上，有许多荒凉的岛屿，被浮冰堵塞的海峡和拥有急流险滩的海湾，它们多半是用早期勇敢的航海家、探险家的名字命名的。而在狂风呼啸的冰崖，或者人迹罕见的孤岛，往往可以找到他们的坟墓（至于葬身冰海者，也有很多）。

人类的北极探险史真是可歌可泣、无比悲壮的旅程！仅举一个例子：1845 年至 1847 年，英国富兰克林探险队乘两艘装备精良的帆船"埃列巴士"号和"特洛尔"号，在北美的维多利亚海峡被浮冰挤碎，逃上荒原的船员因寒冷、饥饿、疾病而死亡，两船共 129 人全部遇难。

皮里这次探险有个突出的特点，我以为也是他最终夺取北极点荣誉桂冠的重要因素，这就是他的探险队员中加入了爱斯基摩人。皮里在以前几次曾经与生活在格陵兰岛西部的爱斯基摩人有过很友好的接触，在他们支援下完成了横穿格陵兰冰原的探险。这次，他从中挑选了 17 名爱斯基摩人及 133 头爱斯基摩犬，为探险队运送物资。"起用爱斯基摩人担当我的雪橇队伍的普通成员是我所有北极工作中的一项基本原则。"皮里在书中指出："没有妇女灵巧的手艺，我们将缺少绝对必要的、抵御寒冬的温暖皮衣，同时，爱斯基摩犬是适合严峻的北极雪撬的唯一驱动力。"他在书中另一处还详细地描述了随行的爱斯基摩妇女娴熟地制作皮衣的过程。在向酷寒的北极点挺进时，"每个人都有一套舒适的、和爱斯基摩人一样的衣服，包括内有软毛的长袜。否则我们的双脚会经常受冻而不是偶尔几次。"以前探险时冻掉脚趾的皮里，对此深有体会。

书中，皮里时时情不自禁地流露出他对爱斯基摩人的真挚情感："我开始爱上这个孩子般单纯的民族，并且珍视他们许多令人敬佩和有用的品质。"由于长期与爱斯基摩人生活在一起，皮里对这个北极民族有了更直接的了解，《征服北极点》中留下了不少爱斯基摩人的民族学等方面的珍贵史料："他们是野蛮人，但是他们并不野蛮；他们没有政府，但他们并不是无法可依；根据我们的标准，他们是完全未受教育的，然而他们展示出很高程度的智慧。"在皮里看来，这个单纯如孩子的民族忠诚、有耐性、不自私、关爱老人和无依无靠的人，"他们身体健康且血统纯正；他们不淫乱，不酗酒，没有坏习惯——甚至不赌博。总而言之，他们是地球表面上独一无二的民族。"（皮里也很担心爱斯基摩人接触西方文明后的变化，事实也证明，他的担心不是多余的。）

正是依靠爱斯基摩人，靠着他们强壮的体力，对北极寒冷气候的适应，随时随地建造可抵御严寒的"雪屋"，他们狩猎、垂钓获取食物的本领，以及驾驭爱斯基摩狗拉雪撬在冰上行进的技能……皮里才有可能摘取北极点的桂冠！

当然，皮里本人的坚韧、勇气和非凡的组织才能、周密的计划，以及雄厚的资金和物资保障，同样是不可忽视的因素。

在人类探索北极的历史上，不能忽略爱斯基摩人的功绩。

皮里和他的忠实朋友

特呈岛的红树林

| 陈华清 |

　　从湛江市区坐渡轮，不到十分钟便可到达特呈岛码头。

　　我们一行人沿着环岛路走到尽头，便到了红树林区。红树林环绕半个岛屿，像保镖一样护卫着特呈岛。

　　我们来得正巧，海水已退潮，裸露出红树林，还有树林下的海滩涂。滩涂高低不平，低处还有一窝一窝的水，高处则完全没有一点水。远处是茫茫的大海，红树林就像从海里"长"出来的一样。

　　我第一次见到红树林，是在广西北海。海涨潮的

时候，红树林被海水淹没，矮的树完全看不到影子，高一点的树木可见到树冠浮露在水面上。碧绿的树叶浮在蓝色的海水上，碧与蓝相间，很壮观。而当潮水退后，红树林的身躯又裸露无余，千姿百态。

除了我，一起来的朋友大多数是第一次到特呈岛，第一次见到红树林。他们很惊讶："它的叶子明明是绿色的啊，怎么叫红树林？"

我告诉他们，这种树的树皮可以提炼红色染料，因此得名。红树林生长于热带、亚热带陆地与海洋交界带的滩涂上。它有很多功能和作用，比如抗御台风暴潮、减缓潮水流速、控制海岸侵蚀；比如保持水土和保护生物多样性等。所以，有着"海上卫士"之美誉。

我们一边说一边沿着红树林中的小路往里面走。眼前的红树林，犹如一座海上森林。树木都不是很高，盘曲错节，树枝众多，四面散开，像一把撑开的大伞，树叶苍翠欲滴，一棵棵树就是一个个盆景。

这些生长在海底的树木，有的只有几十年，有的已有几百年树龄，经历了几个世纪的潮涨潮落，经受了数不清的肆虐，依然生机盎然，给人生命的震撼。

一路走，一路惊喜不断。赤褐色的滩涂上，有各色的石头，还有海藻、沙虫、海豆芽、蚶、蚝，螺、虾、蟹、贝、螺等各色海洋动物。最可爱的是小螃蟹，有黑色的、有蓝色的；有圆、有扁。它们从一洼一洼的水中爬出，急急忙忙四处逃窜。大概是太心急，也可能是近视，它们爬到游客的脚上浑然不知。这可便宜了小朋友，不费吹灰之力就能捡到。"看，树上有爬来爬去的小螃蟹！"小朋友的惊喜不亚于哥伦布发现新大陆。我走近一看，还真是有螃蟹在树上爬。螃蟹的颜色跟树干的颜色相似，粗心的人不容易看得到。

滩涂上有渔民在挖蚝，更多的是游客。他们拾贝壳、捉虾蟹、挖蚝螺，开心得笑个不停。在一棵还不如我高的树上，其树干、树枝，甚至树叶都结满生蚝。这些蚝都很小，大的如拇指头粗，小的仅如花生米。一起来的男同胞拿出小刀小心地刨，不一会就刨了一袋。他们用刀撬开蚝壳，露出淡青白的蚝肉，再用牙签挑出肉津津有味地生吃起来。边吃边赞叹"好吃"，还问我要不要也试一下。蚝，我吃得多了，但就是没生吃过。

我迟疑："生吃不怕拉肚子吗？"

"怕什么！海水有杀菌作用。"

他们挑了一个蚝肉放进我口里。我也学他们的样子有滋有味地嚼起来，那蚝肉又滑又嫩又鲜美，味道比煮熟的蚝肉还要好吃呢。有时候，收获惊喜是在大胆尝试中。

特呈岛的红树林

珊瑚屋，渔家村寨最美的"花"

| 陈华清 |

珊瑚屋，是美丽的珊瑚开在渔家村寨的"花"。

我深深迷恋这种古老而独特的建筑，在北部湾沿海寻找"花"的身影。徐闻县的金土村、放坡村、新地、包仔、水尾等地，依稀可见珊瑚的"绽放"。

多年前，我曾潜水海底，见到活体珊瑚在我身边花枝招展。我轻轻捧起一丛珊瑚，漂亮的"珊瑚公主"在我掌心芬芳成诗。美是有穿透力的，我穿越时空，忘记了时间，忘记了海水挤压胸腔造成的呼吸困难。

有生就有死。珊瑚再美艳，也逃不过自然规律。它死后化为珊瑚石，美丽如初。千年的冲刷，万年的抛磨，经得起大海考验的珊瑚石变得坚固无比，而脆弱者变成粉末，消失在时光深处，无缘再现它的风采。

渔民要建房屋，没钱买得起建筑材料，于是，就地取材，把珊瑚石从海边运回来，削切平整，建房子，砌围墙，甚至铺路。

当地人把珊瑚石叫作"海石花"。它们有大有小，五颜六色，最多的是白色。用来砌房屋的珊瑚石形状各异，呈现四方形，长方形，还有如花的模样。最常见的是当地人叫作狗骨沙石小树丛式的硬体珊瑚石。珊瑚石姿态万千，有的似一节节的莲藕，有的则像风吹拂留下的波纹，有的恍如盛开的菊花。用来砌屋墙、墙角、围墙的珊瑚石不相同，砌屋墙的多是竹筒那样的珊瑚石；砌墙角的珊瑚石有半个门板大。

砌珊瑚石的方式也不同。有的珊瑚石牛骨筒般一条一条地放在一起；有的条条加方块结合；有的是四方形的珊瑚石，一块块地叠放在一起。每种造型都是一幅画，都很有美感。渔民没有学过建筑学，不懂什么美学理论，但他们用自己的聪明和生存智慧，因地制宜，创造了独具风格的建筑艺术，把珊瑚屋砌成令人惊艳的艺术品。

走在有珊瑚屋的渔村，我一路欣赏一路惊叹。

在金土村，我见到一种很独特的现象：一棵棵树"种"在围墙里！围墙是用大块的珊瑚礁石一块块砌起来的，树是雷州半岛常见的鹊肾树。当地人叫这种树为英公岸树。

英公岸树搂着珊瑚墙，珊瑚墙拥着英公岸树。树中有墙，墙中有树，似是水乳交融的情人。英公岸树苍翠挺拔，枝枝丫丫挺出围墙，繁茂如盖。珊瑚墙体斑斑驳驳。珊瑚石间招摇着绿色的苔藓，像披在珊瑚墙中的绿蓑衣，又似是美女娉婷于白色的珊瑚石中。风吹来，苔藓牵着风的衣裳翩翩起舞。

是先有英公岸树，还是先有珊瑚墙呢？

我问珊瑚屋的主人。他九十多岁了，在珊瑚屋住了大半辈子。老人告诉我们，他家的珊瑚屋和珊瑚墙是爸爸建的。那时他还小，只记得爸爸和爷爷在建珊瑚屋前，每隔几米远就在屋地种下一棵英公岸树。爸爸告诉他，等树大了，就在这里建房子。英公岸树就在他期盼中一天长大。长到有碗口那么粗的时候，他们就运回一车车的珊瑚礁石，在树和树之间砌墙。

粗大的英公岸树，其坚固，其凝聚力，堪比现代建筑中的钢筋混凝土柱。在漫漫长河中，珊瑚墙和着英公岸树栉风沐雨，相依相偎，共同抵抗岁月的风风雨雨，站成一道百年风景。

放坡村与金土村相邻，跟金土村一样，也是"长寿之乡"。据说，这是当年苏东坡曾经住过的渔村。村前那条停泊在海里的船很破旧了。它似乎在告诉我们，这条渔村三面环海，村民的一切都与海有关。走进村子看看，你会听到海的哗啦声，感受到海的呼吸。

我来过徐闻很多次了，这次和我一起来放坡村的，是大本时的同学小强、舜华、文艳。小强是徐闻本地人，熟悉这里的一切，开车带我们一路追寻珊瑚屋的踪影。

车子沿着一条水泥路开进放坡村，路两旁都是现代气派的小楼。现在，村民建房子基本上都是用钢筋水泥，建成一幢幢小洋楼，不再用珊瑚石了。

一些上了年纪的村民怡然自得地坐在树下纳凉、聊天。靠海过上富足日子的放坡村人，令人羡慕、欣慰。可是，我望穿秋水的珊瑚屋却不见踪影，不禁有些失落。

徐闻的珊瑚屋一般都有百年左右的历史。不少村落，古老的珊瑚屋塌倒在无声滑过的岁月里，塌倒在人们不强的保护意识中。我真担心放坡村的珊瑚屋命运也如此。

走到村西，珊瑚屋闪进我的眼里。我一阵惊喜。

小强带我们走进一户人家。院子很大，里面种着几棵龙眼树、菠萝蜜树、杨桃树，几张网床挂在树与树之间。"叽叽叽"，一只母鸡带着几只小鸡在院子里奔跑、觅食。几间平房一字排开，院子的三面围墙跟房子一样，全是用珊瑚石砌的。屋顶用雷州半岛常见的茅草铺盖。屋墙上挂着竹编的斗笠、簸箕、篮子等。

珊瑚石与珊瑚石之间，有的用白色的东西黏起来；有的没有，就是珊瑚石自然叠放在一起。黏连珊瑚石的白东西是什么呢？雷州半岛是多雷多台风地区，常年刮台风、下暴雨，这些看起来轻巧又多孔的珊瑚石，能抵抗得住狂风暴雨吗？

村民告诉我们，珊瑚石有石灰的特点，砌墙不需要黏合剂，水一淋就自动粘结，而且很坚固，非常神奇。所以，珊瑚石一点也不怕风吹，不怕雨淋。另外，珊瑚屋透气性好，夏天凉爽，冬天暖和，对人的身体有利。在徐闻，长寿老人不少，可能跟他们住在珊瑚屋有关。

砌珊瑚屋的珊瑚石看起来干巴巴的，毫无光泽，像失去水分的"干花"。我寻思，如果有水的滋润，珊瑚石还会顾盼生辉吗？珊瑚石是否记得，在海底世界，在活着的时光里，它们曾经千娇百媚呢？

院子里有一口井。小强从井里打了一盆水，一手托着水盆，一手用水瓢泼向珊瑚墙。又打一盆水，端起水，直接倾洒珊瑚墙。得到水的滋润的"海石花"，马上变得鲜亮，有光泽了，像一朵朵花开在人间。这是朴实之花，是给过贫穷渔民"大庇天下寒士尽欢颜"的希望之花。

我抚摸着珊瑚屋，如同抚摸花朵。这些珊瑚曾经躺在大海的怀抱里，触摸海洋之心，鲜活地招摇，跟可爱的鱼虾蟹在水中嬉闹，与水母、海草们缠绵，无忧无虑。因为滋润而饱满的珊瑚石让我确信，珊瑚不死，它的生命已化为另一种形态，延续着千年传奇。

当年用珊瑚石建房屋的村庄，现在基本上都用水泥钢筋建小洋楼，没有人再从海边运珊瑚石回来砌房子了。这是珊瑚石的幸，还是不幸？很多珊瑚建筑被弃置，破落长草，寂寞如风。依然住在珊瑚屋的，多是对珊瑚屋感情深厚的老人，或是无钱盖房子的人家。珊瑚屋似乎成了古老而贫穷的象征。它像一个老人，在繁华落尽之后，在海边默默守着一盏清辉，诉说往日的眷恋。

　　珊瑚屋是建筑艺术，有独特的价值。人们不应遗忘它，而应好好保护这笔独特的遗产，让其增值，让后人有机会欣赏到这朵开在海边的"花"。

珊瑚屋，渔家村寨最美的"花"

风过"海上丝路"始发港

| 陈华清 |

风悠悠，海茫茫，梦里海上丝路千百回。

自从读了著名作家洪三泰的《丝路悠悠海蓝蓝》，我脑海里总是闪现千帆竞发、如梦似幻的画面。徐闻港，这个古代海上丝路的始发港，如今是否繁华依旧，令人流连忘返？又或者，它只是一处静静的港湾，两千多年的风浪，早已化作一港的寂寞？汉时的瓦，汉时的砖，据说在此处俯拾皆是。我能不能捡到一片汉时月光吻过的瓦？我能不能拾起一段被岁月掩埋的汉朝时光？

车子在湛徐高速公路疾驰，向中国大陆最南的徐闻奔驰，我的思绪也奔驰在千年的时光中。

徐闻到了。路上的幻想不再只是幻想，一切都真实得不能再真实。眼前的风是真实的，雨是真实的，被雨淋湿的路也是真实的。有点简陋的门口前，那条横在我们面前的绳子也是真实的。一个头戴斗笠、面色黑黄的青年男子走到车子前，我摇下挡风玻璃，问他，这里是大汉三墩吗？他用雷州话说，从这里可以去大汉三墩。我们买了票，他收起挡在门口的绳子，做了一个请进的动作。车过村庄，是汉时的风居住过的村庄。我和阿明下车，撑着伞，迎着风，走在见过汉唐明月的村庄。地上有碎砖破瓦，湿湿漉漉。这一带是汉时古港的生活区遗址。多年来，在二桥村至仕尾村一带，普通的汉砖、汉瓦，珍贵的万岁瓦当、龟纽铜质"臣固私印"等，陆续被人发现，被挖掘，被送到各级博物馆。那些破碎的砖瓦，遗落一地。

眼前的砖砖瓦瓦如此真实。但我不敢确定，哪块砖听过汉风的呼啸，哪片瓦瞭望过汉时船队的雄姿。

来徐闻前，我曾想着要在满地是汉瓦的村庄捡一片留念。可这时，我改变了主意，没有捡起一片瓦、一块砖。就让它们在原处继续吹风，继续听雨，延续它们两千多年的梦吧！

一个海湾躺在我们的脚下。海风很大，吹乱了我的长发，卷起我的裙裾。我们没有下去，只是站在红色的土坡上看。在海里，在岸边，灰黑色的礁石散落着。海水依然蔚蓝，风雨中朦朦胧胧，迷迷茫茫，如同蓝蓝的幽梦。这样的情景很适合怀古。

几只海鸭子站在礁石上，向远处张望。它们白色或是黑色的身影，在风雨中如同雕像。大概是看得久了，肚子饿了，海鸭子将头伸进海里，一条鱼就在它扁扁的嘴里摇摆。吃完了，又继续看海。风雨中，海鸭子们那么悠闲，那么惬意。人世间关于名利的纷纷攘攘似乎与它们无关，它们只需要关注眼前的一方海。只要有干净的海，只要有能吃的东西，就是快乐的流淌，就是海鸭子的幸福。

汉武帝的船队从这里扬帆

一路走走停停，我们绕了一个大圈，兜兜转转，又回到用绳子挡路的那个门口。从这里出来，按路人的指示，我们找到了写有"大汉三墩"的大门口。门口是一座仿汉建筑。灰青砖、红琉璃瓦，气势恢宏。这是目前中国唯一以"汉港丝路"历史文化为主题的综合旅游区。

我们把车子停在车场，步行在汉堤上。风继续吹，雨继续下。

三墩港，是古代海上丝路始发港遗址。离海面不远处，有三座小岛，如同三姐妹亲密环抱。千万年来，给这个古港，挡住狂风、阻住恶浪。它们分别叫头墩、二墩、三墩，合称"三墩"。这个海上天然屏障风景如画。于是，漂亮的"三墩"有了跟它的美丽相称的名字，比如"瀛岛联璧"，比如"蓬莱三仙洲"等。

海中有成片的红树林。一些海鸟栖息在树林中，苍绿的密林遮掩不住它们洁白的身姿。它们跟海鸭子一样，也在静静地看海，静穆如一座老式的钟。这情景实在是有趣，海鸟在林中看海，我站在岸上看海鸟。大概海也在看鸟吧，相看两不厌，谐和如初见。这样的情形有多久了？两千年？两万年？

二千年多前，这里肯定有海鸟。海鸟就是历史的见证者。它一定记得，公元前111年，汉武帝的船队在这里起航，浩浩荡荡，把一船船的丝织品、黄金等运往南海，把大汉雄风吹到达东南亚、南亚，把中国文明一路传播，最远到达今天的斯里兰卡。返航时，把一船船异国文化带回雷州半岛，带回中国。

这条古代海上丝绸之路，成了友谊的桥梁、文明的使者、辉煌的缔结者，也是岭南海洋文化的孕育者。

如同海潮有涨有落一样，历史的辉煌并不代表永久的灿烂，曾经的荒凉并不代表永远的寂寞。徐闻港作为汉时的最早始发港，给这片土地带来财富，带来尊荣。尔后，它在历史的长河中沉寂了，被遗忘了，连同它曾经紧握过的繁荣。以至于两千年后，当那些汉砖，那些代表着尊贵的万岁瓦当，从历史的叠叠土层里爬出来，向世人诉说它曾经的荣光时，人们惊愕了，不敢相信这里曾是大汉王朝钦定的港口，是令人向往的富庶之地。

是的，离政治中心万里之遥、徐徐而闻的徐闻，后来成了南蛮之地，成了流放之所。明代著名戏曲家汤显祖不是被贬到徐闻吗？于是，在人们的印象中，徐闻是落后的，怎么也不能跟繁华如梦联在一起。

弥漫的风雨遮住了狭隘的目光，幸好有历史记载。

《汉书·地理志》说:"自日南障塞、徐闻、合浦船行"。唐代《元和郡县图志》记录:"汉置左右候官在徐闻县南七里,积货物于此,备其所求以交易有利,故谚曰:'欲拔贫,诣徐闻'。"这里记载告诉我们,汉时的船队在这里出发,远航他国。商贾云集,人们口口相传,要发财吗?到徐闻吧!

拨开风的迷茫,还原真实的大汉雄风。公元 2000年,新世纪的钟声敲响不久,季风吹过的时节,由广东省政府参事、中山大学教授、珠江文化研究会会长黄伟宗为团长,珠江文化研究会常务副会长、作家洪三泰等人为副团长的考察团来到徐闻考察,古港村落、田头野地,他们几乎走遍了徐闻的角角落落。这些见多识广的专家、学者、作家等,对散落于此,俯拾皆是的汉文化惊叹不已。经过考察、论证,专家言之凿凿地说,海上丝绸之路始发港有多个,比如合浦、徐闻、广州、泉州、宁波等,但史载最早的海上丝绸之路港口当属徐闻!洪三泰先生根据考察所见所闻,写下了史诗般的《丝路悠悠海蓝蓝》。

我们继续走在风中的大汉三墩。在仕尾村北,仕尾岭高崖上,一个呈八角形的航标灯座正静静地躺在临海湾不足 10 米的地方。灯座是用天然巨石，经能工巧匠精心雕琢而成的。石上雕有八卦图案。风中的灯座，坚硬如初；雨中的灯座，湿湿漉漉，雨水泊在里面，浑浑浊浊。如果没有一定的历史知识，如果没有人告诉你它的来历，你也许会像当地村民一样，把它当作供马饮水的普通"马槽"，而没想到它是典型的汉唐导航灯座。更不会想到，千年前的汉唐，烽火在此点燃，熊熊的火焰，给在浩瀚的大海中航行的船只指明方向，点亮了水手们的黑夜。

不少人想，汉时的航海技术不像现在这么发达，指南针还没发明，也没有风帆，他们是怎么航行于印度洋，如何抵达遥远的异国他乡的呢？秘密在哪里？

没有先进的技术，但有智慧。汉人远航的秘密是，在起风的季节，巧妙地借用季风，即信风。风是一把双刃剑。成也风，败也风。运用得好，事半功倍。不会用，它也只是风，吹走就吹走了，甚至会带来灭顶之灾。汉人借助季风，成就了汉代的海洋大业，缔造了一个王朝的多样文化。

风起云涌，书写古港传奇。徐闻港作为汉时的始发港，它是如何的繁华，我看不到；人们涌至徐闻寻求致富，我也看不到。我看到的是风中的徐闻，雨中的大汉三墩。

走在汉港遗址，我们眼前的海风时断时续，时而掀起层层波涛，惊心动魄；时而波浪不惊，安静如素。港湾里，捕鱼归来的渔船静静地停泊，渔民把一船船的收获搬到大堤上。渔贩子早就在这里等候，把一箱箱的海鲜装上车，"轰轰"地运往各地。渔民在海风的吹拂中接过他们的辛苦费。他们被海风雕刻过的脸，写着沧桑，写着喜悦。对渔民来说，船能出海，海能捕到鱼，鱼能换到钱，这就够幸运了。

徐闻的确是够幸运的，得天独厚，既拥有了中国古代海上丝绸之路始发港，又拥有全国首批国家级海洋生态文明建设示范区的优势。最近，中央提出建设"丝绸之路经济带"和"21世纪海上丝绸之路"。这个国家战略对徐闻来说，是一股强劲的信风。徐闻人喜不自胜，抓住机遇，紧锣密鼓地做好海上丝绸之路始发港申报世界文化遗产工作，乘着这股春风，把海洋文化做大做强，谋求更大的发展，再创辉煌。

我们离开徐闻时，风依然在这个古港劲吹，不停不歇。路旁林立的白色"风车"，让我想到，这是风眷恋的故乡。

风过"海上丝路"始发港

诗
歌。

午后的阳台

〈安武林〉

站在午后的阳台上
看见海
如同看见儿时的土地
肥沃、壮美、辽阔

天很蓝，很遥远
云儿缓缓，像一片片白帆
也许，更像儿时的羊群一团团
海很低，像巨大的怪兽在浅眠
偶尔会睁开一只眼，打一声哈欠

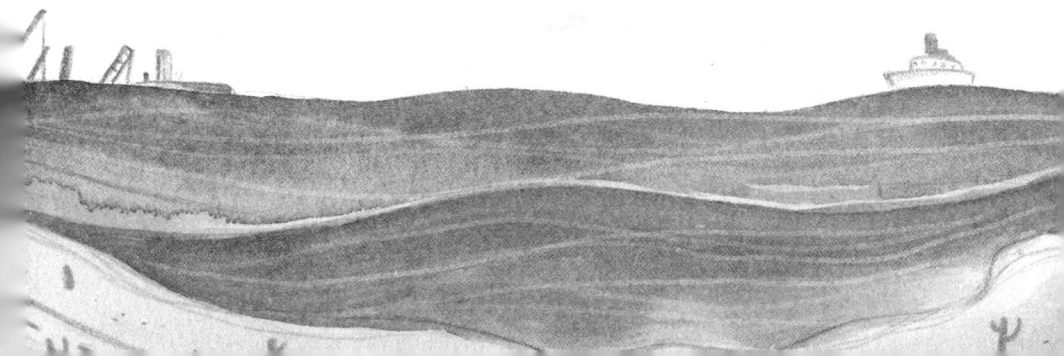

站在午后的阳台上

看见海

看见洋浦港的海

塔吊双臂环抱，凝视远方

随时准备拥抱远道而来的货轮

像等待自己的孩子，朋友，亲人

站在午后的阳台上

看阳光流淌

温情脉脉，爱意浓浓

太阳似乎张开了一万张小嘴

吻海、海浪花、滩涂、船只

仙人掌、公路、树、还有风

木头信箱

〔安武林〕

做一个木头信箱

挂在墙上

这是海边的一个小岛

我等着朋友们写信来

朋友的信没有来

可是墙上却多出许多木头信箱

我不知道是什么人的

但我知道他们的愿望和我一样

后来，我才知道

有一只是海螃蟹的

有一只是海鸥的

有一只是海星星的

有一只是小海龟的

他们和我一样

每天都来看看信箱

但信箱里空空荡荡

我们又很难遇上

有那么一天

我们相遇了

我们惊喜，我们兴奋

我们交谈，我们比谁的信箱漂亮

我们每天都在木头信箱下面相聚

晒晒太阳，散散步

有时候还会带上一些美食共享

我们还会写信，寄给远方

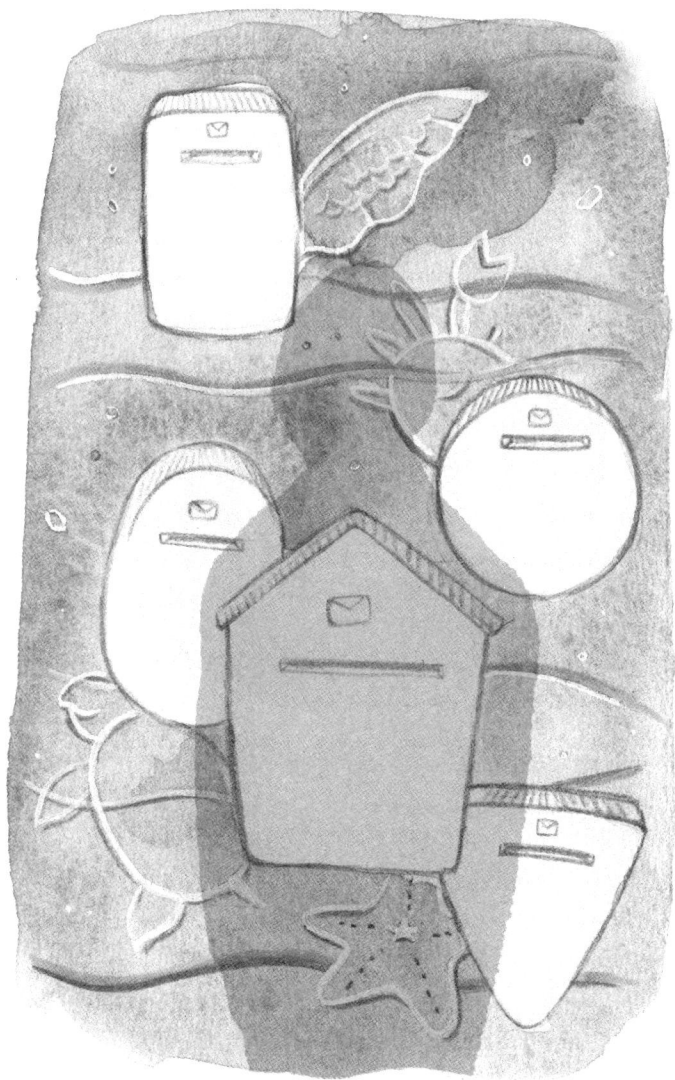

圣劳伦斯湾的小海豹

/ 张洪波 /

三月　加拿大的老天在变脸

圣劳伦斯湾的海水好凉好凉

商业猎杀又开始了

枪声阵阵　连礁石都想要逃跑

小海豹的爸爸被射中了

鲜血随着海浪漂呀漂

最后没了力气挣扎

被猎手们拖上岸做各种各样的解剖

小海豹的妈妈也被射中了

痛苦的哭声掀起一阵阵波涛

妈妈没有死　却也被拖上了岸

美丽的海豹皮被剥成了伤心的小岛

小海豹游啊游　却怎么也躲不掉

一排棍棒打来了　一支钢叉飞来了

小海豹被追杀得喘不上气

大海也埋不住艰难的呼喊和痛苦的求叫

小海豹终于被打昏了

小海豹被拖到爸爸妈妈的身边

小海豹苏醒了　趴在冰冷的石板上

它唯一的能力　就是祈祷　祈祷……

大堡礁的绿海龟

〳张洪波〵

夜晚的大堡礁

两万多只绿海龟

两万多个孕妇

开始登陆

眼睛　嘴　后背

都挂着沙子

它们喘着粗气

划沙而行

移动的装甲

移动的城堡

挖深深的坑

产雪白的卵

再用沙子覆盖　孵化

辛勤地生产

感动得沙子都湿润了

清晨　她们还要爬回大海

筋疲力尽的母亲们

有的被岩石挡住了去路

有的被沙丘掀翻了身体

等待潮水来救命

太阳开始烤热海滩

炙热 饥渴 无力地挣扎

仿佛 为了那些小海龟的生

她们就是来赴死

潮水什么时候能来

救这些年轻的妈妈

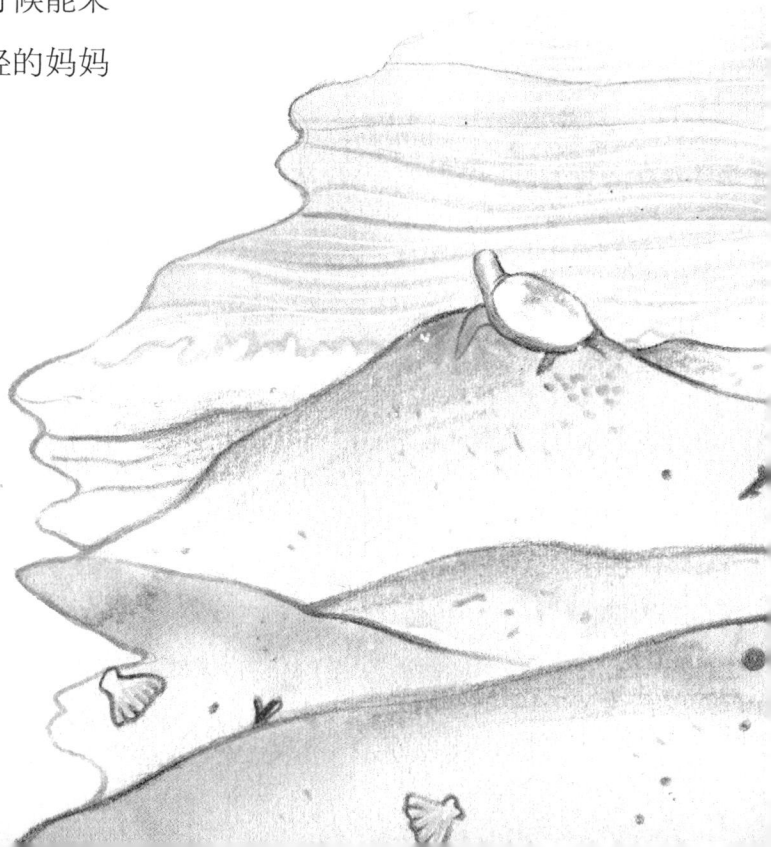

想象中的白鲣鸟

〈张洪波〉

我听说

西沙东岛有十万余只白鲣鸟

真不可想象

每个繁殖期

一只雌鸟只生产一枚珍贵的鸟蛋

它们是怎样艰难地壮大自己家族的

然而我还是要想象

它们在海面上自由飞舞的样子

它们在海水中英勇游进的神态

那可不是所有的鸟都能做得到的

当它们静静地

蹲在桐树枝头的时候

谁能够想象得出

它们那翅膀有多么强劲

渔民称它们是导航鸟

可我担心

白鲣鸟把航船引领到海岛

它们自己会不会错找了家门

不 不会的

它们会熟练地飞回自己的巢

是啊

连自己的家园都记不住的生命

又怎么能为另一种生命导航

我一直想

十万只白鲣鸟栖于一处

那个场面会有多么壮观

十万只白鲣鸟飞在一个海面

那情景该有多么迷人

十万只白鲣鸟唱起同一支歌

那声音能传播得多么遥远

可是

做一只白鲣鸟容易

做十万只当中的一只就太难太难

十万只白鲣鸟是一个庞大的集体

而一只

只是一名默默无闻的群众

美人鱼

〈金朵儿〉

你是一条美人鱼
拥有最无暇的诗意
你的眼睛海一样蓝
心灵天空一样澄明

你是一条美人鱼
与安徒生童话无关
是独一无二的海精灵
有着蓬勃的仙气

你欢乐地唱
歌声似海燕穿透云霞
你悲伤地哭
泪水变成珍珠坠入海底

美人鱼啊美人鱼
你是爱与美神的化身
愿你一直自由快活
洁净安宁

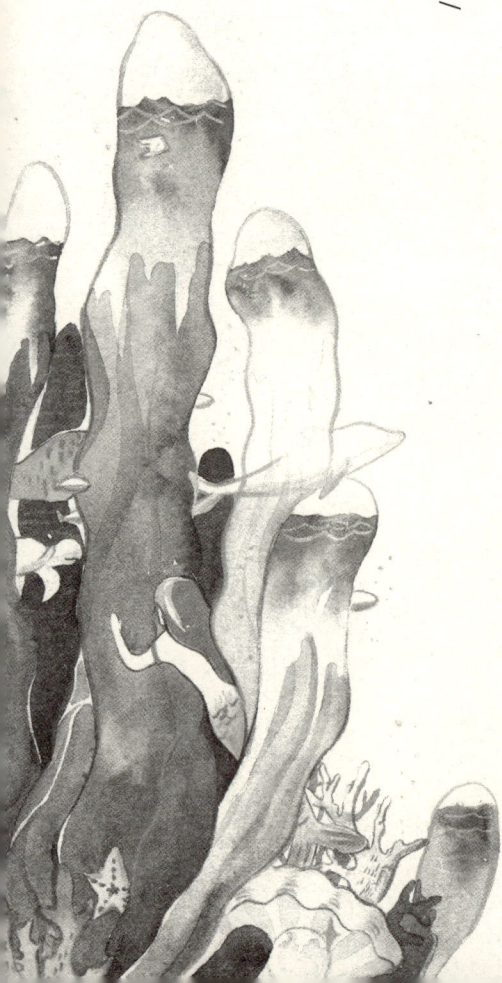

灯鱼

〈金朵儿〉

你是海底的掌灯人
给海底带来光
带来暖
你曾在一个梦里
告诉我一个秘密
你来自太阳国
是海底世界的星星

你很渺小
对大海来说
你却很重要
你是造梦师
成千上万个你在一起
也就让大海有了
梦的幻境

追月亮

/ 窦晶 /

小船小船
月亮在你这里吗？
没有没有
你去问问小鱼

小鱼小鱼
月亮在你这里吗？
没有没有
你去问问海螺

海螺海螺
月亮在你这里吗？
没有没有
听说她
在梳洗打扮

哦——
美丽的月亮
早已跑到天上
对着我
调皮地微笑

蝴蝶鱼和蝴蝶

〈 窦晶 〉

蝴蝶鱼听海鸥说

陆地上有和自己一样

美丽的生物

名字叫蝴蝶

从此这个名字

印在了蝴蝶鱼的心里

蝴蝶有一双翅膀

喜欢在花海中翩翩起舞

蝴蝶鱼有一双美丽的鳍

喜欢在大海中遨游

它们可能永远都不会相遇

那有什么关系呢

一个扮美海洋

一个扮美陆地

都是美丽的使者

提着灯笼的丑婆

〔窦晶〕

鮟鱇鱼长的很丑
大家都叫她丑婆
好多清高的鱼都不爱和她
说话
没关系 没关系
丑婆的心像大海一样辽阔
她经常张着大嘴嘻嘻哈哈

漆黑的夜里
如果哪条贪玩的小鱼
找不到家
急得呜呜哭
丑婆会提着灯笼
来到小鱼身边
照亮他回家的路

和鲸鱼宝宝捉迷藏

/窦晶/

梦里
我变成了美人鱼
在大海里游来游去

鲸鱼宝宝要和我玩
捉迷藏的游戏
躲在珊瑚礁后面的他
不是露出鳍就是露出尾巴

总是输的鲸鱼宝宝噘起嘴
我只好假装找不到他

鲸鱼宝宝开心地笑啦
一串串水泡飞起
我也看不见
我们玩得开心极啦

好奇的小浪花

〈窦晶〉

好奇的小浪花
跑到银色的沙滩

好奇的小浪花
跳上金色的船舷

好奇的小浪花
登上蓝色的礁石

好奇的小浪花
看到了
一帧帧美丽的画面
听到了
一个个人生的秘密
她——
把美丽和秘密藏在歌声里
哗啦啦
哗啦啦

希望

〈韩志亮〉

有风的清晨
爸爸带上渔网出海
我走在上学路上
迎着初升的太阳

爸爸在海上打鱼
我在课堂上
一网一网
打捞知识的宝藏

爸爸满载而归
爸爸满心欢畅
海上有他的追求
家里有他的希望

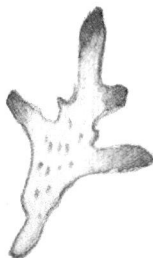

深蓝色的大棉被

〔李迎冬〕

海风轻轻唱

海浪慢慢摇

摇睡鱼宝宝

摇睡虾宝宝

太阳宝宝也困了

躲进这床

深蓝色的大棉被

香香地 睡一觉

第二天一大早

他就被海鸟叫醒

打个哈欠

伸伸懒腰

抖抖精神

使劲一跳

跳出深蓝色的大棉被

高兴地

去天空旅行

傍晚

太阳宝宝玩累了

又回到

深蓝色的大棉被

陪着鱼宝宝

陪着虾宝宝

抱着水母和海螺

枕着海带和海藻

数着那些

白天拜访过的星星

甜甜地 睡一觉

一只海豚的梦想

〈李迎冬〉

他不想要

欢呼和掌声

不想要

拍照和亲吻

也不想要

那只彩色的球

和刺耳的哨音

他最爱的是

歌唱的浪潮

跳舞的海草

热闹的海底

还有那片无边无际的蓝

以及无人注视的

游来游去

一只海洋馆里的海豚

最大的梦想

是远离人群

是回归大海

是自由自在

是永远不再为了吃的

而表演

就做一颗海星星

〈韩志亮〉

在高高的天空之上
有些寂寞是吧
吧嗒吧嗒
眨着无助的眼睛
呵呵，星星

像个乖巧的孩子
一动不动
偶尔做颗流星
也逃跑似的
一副急急慌慌的神情

一片云来
一阵雨过
就把自己藏起
整夜整夜不见身影
妈妈找不见会担心吗

不如就来大海吧
和浪涛一起翻滚
和鱼虾一起游泳
随帆船一起远行
任他风起云涌

呵呵
不如就来大海吧
来蔚蓝广阔的大海
做星星就做一颗
海星星

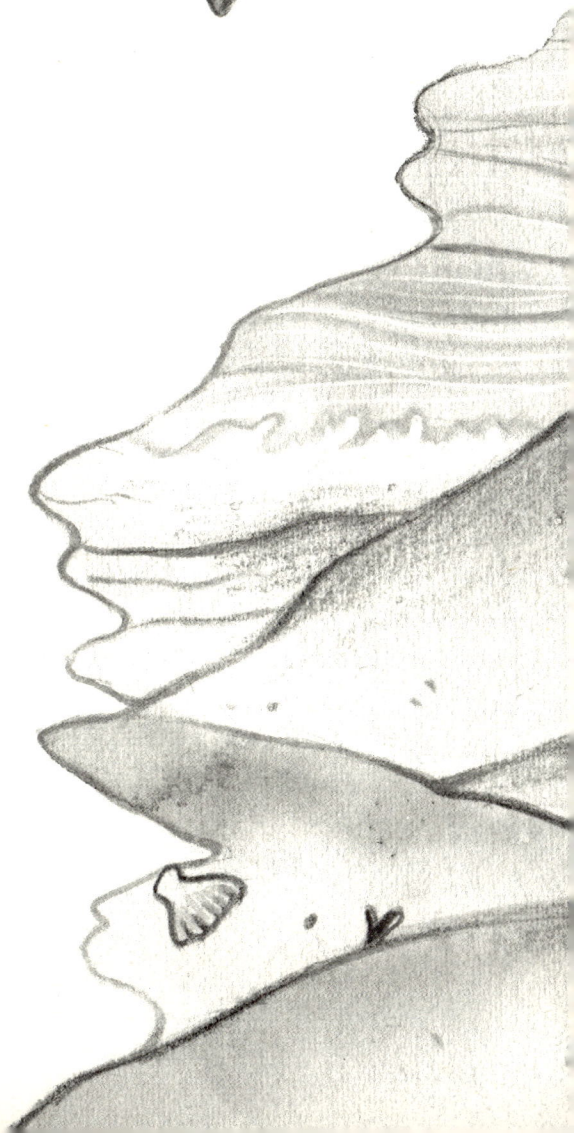

海带

〈韩志亮〉

妈妈妈妈
晚饭，再来一盘海带

海啊海啊
带我去海底世界探寻宝藏
海啊海啊
带我去海洋之上扬帆远航

海啊海啊
带我去欣赏浪花之美
海啊海啊
带我去抓住理想之光

海带，我的最爱
海啊海啊带我入梦乡

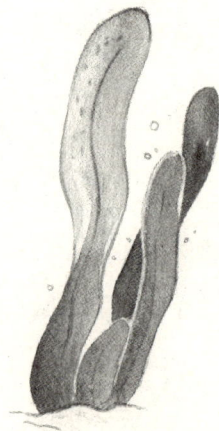

教诲

〈韩志亮〉

我们不是飞翔在
丛林之上的鸟

海鸟妈妈
对海鸟宝宝说——

我们是飞翔在
海洋之上的鸟

和飞翔在丛林之上的鸟
不同的是

一旦飞翔，我们就没有
可以歇脚的枝条

所以，我们必须练就一双
更加有力的翅膀！

海洋文学 别有天地

我国是陆海兼备大国，不仅拥有辽阔的陆地，更拥有绵长的海岸线和众多的岛屿，其瑰丽的景象与丰富的物产，令世人瞩目。自古以来，中华民族的血脉里就流淌着大海的气质，海洋和陆地共同滋养着这片热土。文学即人学，代表一个民族的精神和智慧。培养对海洋的美感和敏感，应该从孩子着手，所以我们吹响了海洋主题儿童文学的集结号，创编了这套"悦读海洋365"名家美文系列。

本书系由著名儿童文学作家安武林主编，集结了曹文轩、刘兴诗、张炜、金涛、小山、陈华清等老中青三代儿童文学名家，集中展示了他们以海洋为主题的原创儿童文学精品，倾情奉献给孩子们。书系以春华、夏花、秋实、冬雪分为四卷，分别为《哦，亲爱的大海》《夏天是一尾鱼》《眼睛是秋天的海》《冰海求生》四册。作品从儿童本位出发，配以精美插图，用儿童语言为孩子们讲述多彩丰富、极具感染力的海洋童话、诗歌、散文、小说，非常适合朗读。将大海给予我们生活的情趣、生命的意蕴、奋发的源泉，以及大海在四季轮回中的壮丽、变化，融合进生命的四季，融入每一天。通过这些具有人文（文化）关怀、海洋导向的儿童文学作品，希望可以让孩子们更深入地亲近海洋，培养他们热爱海洋的情感，增强他们保护海洋、探秘海洋的意识，在他们的心里种下蓝色好奇心的种子，奠定成长底色。

少年强则中国强。如今，在中华大地上，实现海洋强国梦的号角已经吹响，遍布全国的海洋教育千帆竞发。然而以往的海洋教育，往往注重知识的传递，忽略人文素养，缺乏能力培养和品格塑造，本书系适度地弥补了这样的缺憾。以美文打开孩子的心灵，以深情滋养孩子的童年，以想象力启迪孩子的智慧。

一定意义上说，探讨海洋与人、文学与人的关系是海洋文学的本质。溯源而上，人类与海洋的关系，经历了以远古神话为代表的"惧海"到以十九世纪前期的海洋诗歌为代表的"赞海"，又到以十九世纪的海洋小说为代表的"斗海""乐海"和以海洋科幻小说为代表的"探海"，直至以奥尼尔和海明威为代表的"亲海"的过程。从惧海到斗海、乐海，表现了人类的自信与勇敢；由惧海到探海，揭示了人类探索海洋的斗志和力量；由斗海到亲海，则反映了人类一种全新的宇宙观。人类对海洋的已知还不到她的5%，中国政府创造性地提出"构建人类命运共同体"这一美好愿景。当海洋不可避免地成为人类的另一个生存空间，"亲和"是我们对待她的唯一选择。在未来，探海这一主题将绵延不绝，而亲海会继续占据海洋文学的重要席位。

海洋文学，别有天地；海鸥翔集，向海而歌。海洋的阅读无处不在，海洋的潮汐就回荡在我们的心田。阅读海，就是阅读生命本身。

海鸥文学馆

图书在版编目（CIP）数据

冰海求生 / 安武林主编.—青岛： 中国海洋大学出版社, 2019.1

（悦读海洋365）

ISBN 978-7-5670-1378-0

Ⅰ.①冰… Ⅱ.①安… Ⅲ.①阅读课—小学—课外读物 Ⅳ.①G624.233

中国版本图书馆CIP数据核字(2018)第297007号

书　　　名	冰海求生
出版发行	中国海洋大学出版社
社　　　址	青岛市香港东路23号 邮政编码 266071
出 版 人	杨立敏
网　　　址	http://www.ouc-press.com
电子邮箱	503745350@qq.cm
责任编辑	于潇湉
电　　　话	0532-85902533
印　　　制	日照日报印务中心
版　　　次	2019年1月第1版
印　　　次	2019年1月第1次印刷
成品尺寸	150mm × 218mm
印　　　张	13.25
字　　　数	98千
印　　　数	1-10000
定　　　价	32.00元

如发现印装质量问题，请致电0633-2298958，

由印刷厂负责调换。